Sven Jedamzik

Basiswissen Risikomanagement für den Mittelstand

Grundlagen, Hilfsmittel und Instrumente

Diplomica Verlag GmbH

Jedamzik, Sven: Basiswissen Risikomanagement für den Mittelstand: Grundlagen, Hilfsmittel und Instrumente. Hamburg, Diplomica Verlag GmbH 2013

Buch-ISBN: 978-3-8428-8463-2
PDF-eBook-ISBN: 978-3-8428-3463-7
Druck/Herstellung: Diplomica® Verlag GmbH, Hamburg, 2013

Bibliografische Information der Deutschen Nationalbibliothek:
Die Deutsche Nationalbibliothek verzeichnet diese Publikation in der Deutschen Nationalbibliografie; detaillierte bibliografische Daten sind im Internet über http://dnb.d-nb.de abrufbar.

Das Werk einschließlich aller seiner Teile ist urheberrechtlich geschützt. Jede Verwertung außerhalb der Grenzen des Urheberrechtsgesetzes ist ohne Zustimmung des Verlages unzulässig und strafbar. Dies gilt insbesondere für Vervielfältigungen, Übersetzungen, Mikroverfilmungen und die Einspeicherung und Bearbeitung in elektronischen Systemen.

Die Wiedergabe von Gebrauchsnamen, Handelsnamen, Warenbezeichnungen usw. in diesem Werk berechtigt auch ohne besondere Kennzeichnung nicht zu der Annahme, dass solche Namen im Sinne der Warenzeichen- und Markenschutz-Gesetzgebung als frei zu betrachten wären und daher von jedermann benutzt werden dürften.

Die Informationen in diesem Werk wurden mit Sorgfalt erarbeitet. Dennoch können Fehler nicht vollständig ausgeschlossen werden und die Diplomica Verlag GmbH, die Autoren oder Übersetzer übernehmen keine juristische Verantwortung oder irgendeine Haftung für evtl. verbliebene fehlerhafte Angaben und deren Folgen.

Alle Rechte vorbehalten

© Diplomica Verlag GmbH
Hermannstal 119k, 22119 Hamburg
http://www.diplomica-verlag.de, Hamburg 2013
Printed in Germany

Inhalt

A Abbildung(s)- und Tabellenverzeichnis II
B Abkürzungsverzeichnis IV
1 Einleitung 1
    1.1 Gegenstand der Studie 1
    1.2 Ziel der Studie 3
2 Begriffserklärungen 5
    2.1 Risiko 5
    2.2 Risikomanagement 6
    2.3 Mittelstand 7
        2.3.1 Gesamtwirtschaftliche Bedeutung des Mittelstandes 10
        2.3.2 Spezifische Problemfelder des Mittelstandes 11
3 Rechtliche Grundlagen für Risikomanagementsysteme 14
    3.1 Gesetz zur Kontrolle und Transparenz im Unternehmensbereich 14
3.2 Corporate-Governance-Regeln 19
4 Ausgestaltung von Risikomanagementsystemen 22
    4.1 Das interne Überwachungssystem und Risikocontrolling 23
    4.2 Die Risikostrategie 28
    4.3 Die Risikoidentifikation 29
        4.3.1 Frühwarnsysteme 31
        4.3.2 Typologie von Risiken 34
        4.3.3 Instrumente der Risikoidentifikation 39
    4.4 Risikoanalyse und -bewertung 49
        4.4.1 Die Klassifikation von Risiken 53
        4.4.2 Instrumente zur Risikoanalyse und -bewertung 54
    4.5 Risikosteuerung 59
    4.6 Risikoüberwachung 63
    4.7 Risikokommunikation 65
    4.8 Risikodokumentation 68
5 Organisatorische Einordnung des Risikomanagements in die Aufbauorganisation 70
6 Zusammenfassung und Ausblick 73
C Literaturverzeichnis V
D   Anhang XIII

A Abbildung(s)- und Tabellenverzeichnis

Abbildungsverzeichnis

Abbildung 1: Unternehmensinsolvenzen von 2000 bis zum ersten Halbjahr 2011 2
Abbildung 2: Unterscheidung der KMU-Definitionen zwischen IfM Bonn und EU 9
Abbildung 3: Der Risikomanagementprozess 22
Abbildung 4: Organisatorischer Aufbau des internen Kontrollsystems............................. 24
Abbildung 5: Auszug aus einer produktbezogenen Checkliste.. 42
Abbildung 6: Entscheidungsbaum 44
Abbildung 7: Modell zur Darstellung von Szenarien 46
Abbildung 8: Vorgehensweise bei der Szenariobildung 48
Abbildung 9: Anwendung von Bewertungsverfahren im Mittelstand............................... 52
Abbildung 10: Qualitatives Risikoportfolio 54
Abbildung 11: Quantitatives Risikoportfolio 55
Abbildung 12: Strategien der Risikosteuerung 60
Abbildung 13: Organisatorische Gestaltung der Risikoüberwachung 65
Abbildung 14: Dezentrales und zentrales Risikomanagement 71

Tabellenverzeichnis

Tabelle 1: Fälle von Unsicherheit 7
Tabelle 2: Zusammenfassung der Regelungen des KonTraG zum Risikomanagement 18
Tabelle 3: Einfache Techniken der Risikoidentifikation 40
Tabelle 4: Vor- und Nachteile nicht dynamischer Risikoportfolios 57
Tabelle 5: Auszug aus einem fiktiven Risikoinventar 67

B Abkürzungsverzeichnis

Abs.	Absatz
AktG	Aktiengesetz
BDS	Bund der Selbstständigen
bzw.	beziehungsweise
d.h.	das heißt
DCGK	Deutsche Corporate Governance Kodex
e.V.	eingetragener Verein
EUR	Euro
EW	Eintrittswahrscheinlichkeit
EZB	Europäische Zentralbank
ff.	fort folgend
FMEA	Fehler-Möglichkeits- und Einflussanalyse
GenG	Genossenschaftsgesetz
GmbH	Gesellschaft mit beschränkter Haftung
GmbHG	Gesetz betreffend die Gesellschaft mit beschränkter Haftung
HGB	Handelsgesetzbuch
Hrsg.	Herausgeber
i.e.S.	im eigentlichen Sinne
i.w.S.	im weiteren Sinne
IfM	Instituts für Mittelstandsforschung Bonn
IKS	Internes Kontrollsystem
KMU	kleine und mittelständische Unternehmen
KonTraG	Gesetz zur Kontrolle und Transparenz im Unternehmensbereich
OHG	Offene Handelsgesellschaft
PublG	Publizitätsgesetz
SH	Schadenshöhe
z.B.	zum Beispiel

1 Einleitung

1.1 Gegenstand der Studie

Eines der Hauptziele jeder Unternehmung ist es, durch das Erzielen hoher Gewinne den Unternehmenswert zu maximieren. Erst diese Gewinne bilden die Grundlage für eine erfolgreiche Investitionstätigkeit und Existenzsicherung.[1] In diesem Zusammenhang beeinflussen zwei Faktoren den Unternehmenswert in besonderem Maße: Ertrag und Risiko.[2] Die konsequente Handhabung der mittlerweile sehr zahlreichen Risiken, die das unternehmerische Handeln beeinflussen ist ein grundlegendes Anliegen einer erfolgreichen und nachhaltigen Unternehmensführung. Eine hohe Dynamik insbesondere an den Güter- und Finanzmärkten kennzeichnet die heutige Unternehmenslandschaft. Als Folge davon ist eine ständige wachsende Komplexität aller damit zusammenhängenden Vorgänge zu verzeichnen, die einer sich im zunehmenden Maße verringernden Reaktionszeit für unternehmerische Entscheidungen gegenüber steht. Änderungen in diesem Umfeld müssen immer zeitiger erkannt werden, um Chancen zu nutzen und Risiken zu vermeiden.[3] Besonders bedroht sind hier die Unternehmen des Mittelstandes, da diese oft nur über unzureichende finanzielle Rücklagen verfügen und eine niedrigere Eigenkapitalquote aufweisen. Damit fällt es ihnen wesentlich schwerer unternehmerische Fehlentscheidungen zu kompensieren als großen Kapitalgesellschaften.[4] Auch die durch den zunehmenden Konkurrenzdruck erzwungene Expansion in neue Märkte und der Einsatz immer komplexerer Technologien zur Optimierung der Leistungserbringung führen zu einem nicht zu unterschätzenden Handlungsdruck im Umgang mit neuen und vor allem bisher unbekannten Risiken.[5] Wie stark der Einfluss von Risiken besonders im finanziellen Bereich ist, spiegelt sich auch in der hohen Anzahl an Unternehmensinsolvenzen wieder. So meldeten im ersten Halbjahr 2011 bereits 15.247 Unternehmen Zahlungsunfähigkeit an[6] (siehe auch Abbildung 1). Im besonderen Maße bedroht sind hier Kleinstunternehmen und Unter-

---

[1] Vgl. Geisenberger, S.; Nagel, W.: Aktivierung in der ökonomischen Bildung, Freiburg (2002), S. 79.
[2] Vgl. Kröger, F.J.: Risikomanagement in mittelständischen Unternehmen, Reinbek (2001) S. 9.
[3] Vgl. http://e-collection.library.ethz.ch/eserv/eth:31009/eth-31009-02.pdf, S. 1 – am 19.10.2011.
[4] Vgl. Kienbaum, J.; Börner, Ch. J.: Neue Finanzierungswege für den Mittelstand, Wiesbaden (2003), S. 12 ff.
[5] Vgl. http://e-collection.library.ethz.ch/eserv/eth:31009/eth-31009-02.pdf, S. 1 – am 19.10.2011.
[6] Vgl. http://www.destatis.de/jetspeed/portal/cms/Sites/destatis/Internet/DE/Presse/pm/2011/09/
PD11__323__52411.psml – am 10.11.2011.

nehmen in den ersten Jahren nach der Gründung.[7]

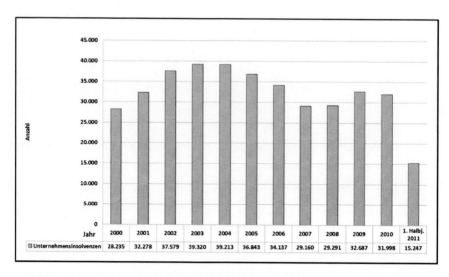

Abbildung 1: Unternehmensinsolvenzen von 2000 bis zum ersten Halbjahr 2011 in Anlehnung an das Statistische Bundesamt Deutschland[8]

Als Folge von spektakulären Fehlentwicklungen und Insolvenzen während der neunziger Jahre trat am 1. Mai 1998 das Gesetz zur Kontrolle und Transparenz im Unternehmensbereich (KonTraG) in Kraft. Durch die Einführung des § 91 Abs. 2 AktG (Aktiengesetz) wurde die Zielsetzung verfolgt, eine Verbesserung der Aufsichtsarbeit, die Erhöhung der Transparenz und eine stärkere Kontrolle durch die Hauptversammlung zu erreichen. Es spricht damit zwar hauptsächlich Kapitalgesellschaften an, allerdings wurde in das GmbHG (Gesetz betreffend die Gesellschaft mit beschränkter Haftung) keine vergleichbare Regelung aufgenommen und es hat dadurch[9] „Ausstrahlwirkung auf die Geschäftsführung anderer Gesellschaften"[10] und somit auch auf den Mittelstand. Es lässt sich dadurch die Wichtigkeit ableiten, das Verständnis der mittelständischen Unternehmen zu fördern, Risikoma-

---

[7] Vgl. http://www.ifm-bonn.org/assets/documents/IfM-Materialien-157.pdf, S. 80 – am 17.10.2011.
[8] Vgl. http://www.destatis.de/jetspeed/portal/cms/Sites/destatis/Internet/DE/Content/Statistiken/Zeitreihen/LangeReihen/Insolvenzen/Content100/lrins01a,templateId=renderPrint.psml – am 10.11.2011; http://www.destatis.de/jetspeed/portal/cms/Sites/destatis/Internet/DE/Presse/pm/2011/09/PD11__323__52411.psml – am 10.11.2011.
[9] Vgl. Lück, W.: Zentrale Tätigkeitsbereiche der Internen Revision, Berlin (2006), S. 13 ff.
[10] Ebenda S. 14.

nagement nicht nur als Pflicht, sondern als ein wertvolles Hilfsmittel zur Führung und Steuerung eines wettbewerbsorientierten Unternehmens zu akzeptieren und anzuwenden, um auf diese Weise eine Risikominimierung herbeizuführen.

Im Bereich des Banken- und Finanzsektors findet hauptsächlich quantitatives Risikomanagement[11] Anwendung. Dieses gründet auf statistisch erhobenen Daten und entsprechend abgeleiteten Modellen und Simulationen. Mittelständische Unternehmen hingegen greifen aufgrund ihres zumeist beschränkten personellen und finanziellen Hintergrundes häufig auf qualitative Methoden zurück. Qualitatives Risikomanagement ist eine bisher relativ neue Managementmethode[12] „mit wenig bekannten Forschungsresultaten".[13] Es ist häufig durch die Verarbeitung von subjektiven und intuitiven Informationen gekennzeichnet, die direkt aus den Unternehmen gewonnen werden. Für die praktische Anwendung geeignete Ansätze sind bisher kaum verfügbar.[14] Daher soll diese Arbeit auch zur Orientierung über die bisher verfügbaren Methoden und Instrument für mittelständische Unternehmen dienen.

1.2 Ziel der Studie

In dieser Abhandlung wird die besondere Bedeutung von Risikomanagementsystemen für mittelständische Unternehmen dargelegt. Die speziellen Bedingungen und Problemfelder, die sich für den Mittelstand ergeben, finden in diesem Zusammenhang Erwähnung. Zudem erfolgt die rechtliche Einordnung im Kontext des Gesetzes zur Kontrolle und Transparenz im Unternehmensbereich. Das Hauptziel der Arbeit sollen jedoch nicht die Rahmenbedingungen darstellen, sondern die Sensibilisierung für Chancen und Risiken steht im Vordergrund. Es soll die Erkenntnis vermittelt werden, Risikomanagementsysteme als sinnvolle und notwendige Lösungsmöglichkeit der Risikominimierung zu akzeptieren und anzuwenden. In dieser Relation soll die Ausarbeitung eine Orientierung über bestimmende Faktoren zur Thematik Risikomanagement für den Mittelstand bieten. Angestrebt wird

---

[11] Zur Bewertung von Risiken werden quantitative und qualitative Methoden angewendet. Qualitative Methoden beruhen auf subjektiven und erfahrungsbezogenen Bewertungen, quantitative Verfahren dagegen auf mathematisch-statistischen Informationen und benötigen eine entsprechend breite Datenbasis. Vgl. Kühnel, R.: Risikomanagementsysteme in kleinen und mittelständischen Unternehmen mit strategischen Controllinginstrumenten, Norderstedt (2009), S. 25.
[12] Vgl. http://e-collection.library.ethz.ch/eserv/eth:31009/eth-31009-02.pdf, S. 2 – am 19.10.2011.
[13] Ebenda.
[14] Vgl. ebenda.

darüber hinaus, Ansatzpunkte aufzuzeigen, die eine kostengünstige Implementierung und Nutzung eines solchen Systems für den Mittelstand ermöglichen. Zu diesem Zweck ist die Thesis in sechs Abschnitte gegliedert. Im Anschluss an die einleitende Problemstellung erfolgt die Einordnung der zentralen Begriffe Risiko, Risikomanagement und Mittelstand. Abschnitt 3 befasst sich mit dem KonTraG und dem Corporate Governance Kodex. Die Bedeutsamkeit dieser Reglementierungen für die Unternehmenslandschaft in Deutschland wird dabei verdeutlicht. Der darauf folgende Abschnitt 4 bildet den Hauptteil der Konzeption und behandelt das Risikomanagementsystem und dessen zentrale Bedeutung für den Mittelstand. Dazu werden der Risikomanagementprozess und an die Erfordernisse des Mittelstandes angepasste Maßnahmen und Instrumentarien zur Umsetzung der einzelnen Phasen im Unternehmen umfassend erläutert. Die Möglichkeiten der organisatorischen Eingliederung folgen in Kapitel 5. Eine Zusammenfassung der wichtigsten Ergebnisse und eine Ausblick auf die weitere Entwicklung von Risikomanagementsystemen für die Unternehmen des Mittelstandes bilden den Abschluss der Arbeit.

2 Begriffserklärungen

2.1 Risiko

Jedes unternehmerisches Handeln ist mit der Gefahr verbunden, Risiken einzugehen.[15] Grundsätzlich ist es also notwendig Risiken entsprechend den unternehmerischen Erfordernissen zu definieren.[16] Dem Begriff Risiko liegen verschiedene Definitionen zu Grunde. „[Allgemein wird Risiko als die Möglichkeit, einen Schaden oder einen Verlust] als Konsequenz eines bestimmten Verhaltens oder Geschehens [zu erleiden, beschrieben]."[17] Diese Definition bezieht sich auf Gefahrensituationen, in deren Verlauf nachteilige Folgen eintreten können, aber nicht müssen. In Anlehnung an Romeike gilt folgende Deutung: Risiko ist die Wahrscheinlichkeit multipliziert mit dem Ausmaß. Die etymologische Einordnung des Begriffes Risiko beginnt mit „riza" (griechisch für Wurzel) über „risc" (arabisch für Schicksal)bis hin zu „ris(i)co" (italienisch für die Klippe, der es auszuweichen gilt).[18] Vom wirtschaftlichen Gesichtspunkt aus wird Risiko auch als die Möglichkeit der Nichterreichung eines unternehmerischen Zieles bezeichnet, die sogenannte Soll-Ist-Abweichung. Die Bewertung des Risikobegriffes durch das KonTraG bezieht in diesem Rahmen nur die Möglichkeit negativer Abweichungen vom erwarteten Ergebnis und die damit verbundenen Folgen bzw. Gefahren für das Unternehmen ein. Abweichungen mit positiven Folgen auf das wirtschaftliche Ergebnis eines Unternehmens werden hier nicht als eine mögliche Option in die Betrachtung einbezogen. Auch die Unterteilung in „reines Risiko" und „spekulatives Risiko" ist in Fachkreisen geläufig. Dem reinen Risiko liegt ausschließlich die Möglichkeit des Verlustes zu Grunde, Ereignisse, die Chancen darstellen, werden nicht erfasst. Bei der Betrachtung des spekulativen Risikos werden diese Ereignisse mit einbezogen. Es ist wirtschaftlich sinnvoll beide Ansichten zu berücksichtigen, da so die Möglichkeit besteht, dass sich negative Abweichungen durch positive kompensieren.[19]

---

[15] Vgl. Epstein, R.: Risikomanagement im Export mittelständischer Unternehmen, Berlin (1999), S. 46.
[16] Vgl. Füser, K.; Gleißner, W.; Meier, G. (1999): Risikomanagement (KonTraG) – Erfahrungen aus der Praxis, in: Der Betrieb, 52. Jg., Heft 15, Seite 753.
[17] http://www.risikomanagement-iso-31000.de/informationen/risiko-und-risikomanagement – am 23.11.2011.
[18] Vgl. Romeike, F.; Finke, R. B.: Erfolgsfaktor Risiko-Management, Wiesbaden (2003), S. 483.
[19] Vgl. Gleißner, W.; Meier, G.: Wertorientiertes Risiko-Management für Industrie und Handel, Wiesbaden (2001), S. 150 ff.

2.2 Risikomanagement

In der Literatur sind neben dem Begriff des Risikomanagements auch Bezeichnungen wie Risikopolitik, Sicherheitsplanung, Risk Management und Versicherungsmanagement üblich.[20] Unter der Betonung des Risikofaktors befasst sich das Risikomanagement mit den gleichen Problemfeldern wie die Unternehmensführung insgesamt.[21] Nach heutiger Definition wird unter Risikomanagement „ein Führungsinstrument zur Identifikation, Bewertung, Bewältigung und Überwachung von Risiken, die mittel- bis langfristig zu einer Gefährdung der Vermögens-, Finanz- oder Ertragslage führen können" verstanden.[22]

Das Ziel des Risikomanagements ist die Darstellung des Gesamtrisikos von Unternehmungen als Wechselwirkung der verschiedenen Einzelrisiken. Es ermöglicht den Unternehmen sich mit Risiken auseinanderzusetzen, die Chancen darstellen, und die Reduzierung von Risiken in den Bereichen, in denen der erwartete Nutzen die zu erwartenden Risiken nicht übersteigt. Im Prozess des Risikomanagements werden alle Unternehmensabläufe implementiert, die Gefahren für die Unternehmensziele und Unternehmensstrategien darstellen. Diese Arbeitsweise ermöglicht die Bearbeitung der Risiken im Prozess des Risikomanagements.[23] Eine weitere Aufgabe des Risikomanagements ist es Systeme bereitzustellen, die den effektiven Informationsaustausch und die Informationsverarbeitung ermöglichen, um vorbereitende Maßnahmen für unternehmerische Entscheidungen zu unterstützen. Solche Systeme sollen Instrumente und Verfahren im Umgang mit Unsicherheiten einschließen. In Tabelle 1 sind die möglichen Fälle von Unsicherheit abgebildet. Die umfangreiche Risikountersuchung zwingt die Entscheidungsträger sich im Entscheidungsprozess ausführlich mit dem eigentlichen Problem auseinanderzusetzen, und kann somit mit der Vertiefung der unternehmerischen Aufsichtspflicht gleichgesetzt werden. Daraus resultieren eine sehr sorgfältige Abwägung der verschiedenen Alternativen und ein höherer Grad der Zielerreichung im Rahmen der strategischen Unternehmensführung.[24] Zu beachten ist, dass bei der Planung von Risikomanagementsystemen

---

[20] Vgl. Hermann, D.C.: Strategisches Risikomanagement kleiner und mittlerer Unternehmen, Berlin (1996), S. 31.
[21] Vgl. Götz, U.; Henselmann, K.; Mikus, B.: Risikomanagement, Heidelberg (2001), S. 10 ff.
[22] Kühnel, R.: Risikomanagementsysteme in kleinen und mittelständischen Unternehmen mit strategischen Controllinginstrumenten, Norderstedt (2009), S. 7.
[23] Vgl. Reichling, P.; Bietke, D.; Henne, A.: Praxishandbuch Risikomanagement und Rating, Wiesbaden (2007), S. 209.
[24] Vgl. Götz, U.; Henselmann, K.; Mikus, B.: Risikomanagement, Heidelberg (2001), S. 12.

die Kosten, die mit Einführung und dem Betrieb eines Risikomanagementsystems entstehen, geringer sein müssen als der erzeugte Nutzen.[25] Dennoch besteht auch hier die Notwendigkeit, das System einem ständigen Verbesserungsprozess zu unterziehen, um auf Entwicklungen in der Umwelt effektiv reagieren zu können.[26]

Tabelle 1: Fälle von Unsicherheit in Anlehnung an Hirth, H.: Grundzüge der Finanzierung und Investition, München (2008), S.4 ff.

Sicherheit	- Nur eine zukünftige Entwicklung ist denkbar.
Quasi-Sicherheit	- Es sind mehrere zukünftige Entwicklungen denkbar, jedoch wird nur die einkalkuliert, die am wahrscheinlichsten ist oder ein besonders kritisches Szenario darstellt.
Risiko	- Mehrere zukünftige Entwicklungen sind denkbar. - Jeder dieser Entwicklungen ist eine Eintrittswahrscheinlichkeit zuordenbar.
Ungewissheit	- Mehrere zukünftige Entwicklungen sind denkbar. - Eintrittswahrscheinlichkeiten können nicht zugeordnet werden.

2.3 Mittelstand

Eine allgemeingültige Definition des Begriffs Mittelstand existiert in Deutschland nicht.[27] Dennoch besteht die Notwendigkeit, den Begriff „Unternehmen des Mittelstandes" aufgrund der hohen Bedeutung für diese Arbeit einzuordnen. Hierfür werden die Definition des Instituts für Mittelstandsforschung Bonn (IfM) und die Einordnung nach dem Benutzerhandbuch der Europäischen Kommission näher betrachtet und einander gegenübergestellt, da beide Definitionen in Deutschland Verwendung finden. Abbildung 2 dient der Verdeutlichung der unterschiedlichen Definitionen des IfM Bonn und der EU-Kommission.

---

[25] Vgl. Hermann, D.C.: Strategisches Risikomanagement kleiner und mittlerer Unternehmen, Berlin (1996), S. 41.
[26] Vgl. Wolf, K.; Runzheimer, B.: Risikomanagement und KonTraG, Wiesbaden (2000), S. 24.
[27] Vgl. Mugler, J.: Betriebswirtschaftslehre der Klein- und Mittelbetriebe, Wien (1998), S. 19.

Nach dem IfM lässt sich eine Einordnung von Unternehmen über quantitative und qualitative Merkmale treffen.[28] Damit Unternehmen als kleine und mittelständische Unternehmen (KMU) eingestuft werden können, setzt dies eine Einordnung als Unternehmen an sich voraus.[29] Demnach gilt als Unternehmen „jede Einheit, unabhängig von ihrer Rechtsform, die eine wirtschaftliche Tätigkeit ausübt".[30] Unabhängige Unternehmen mit bis zu 9 Beschäftigten und einem Jahresumsatz von weniger als 1 Million EUR werden als kleine Unternehmen bezeichnet, ab einer Beschäftigtenanzahl von 499 und einem Jahresumsatz unter 50 Millionen EUR gelten sie als mittlere Unternehmen.[31] Zusammenfassend bedeutet das, dass sich nach der Definition des IfM „die Gesamtheit der [kleinen und mittelständischen Unternehmen] aus allen unabhängigen Unternehmen mit weniger als 500 Beschäftigten und weniger als 50 Millionen EUR Jahresumsatz [zusammensetzt]".[32]

Bezugnehmend auf das KMU-Benutzerhandbuch der Europäischen Kommission ist der bestimmende Faktor für eine Einordnung nicht die Rechtsform der Unternehmung, sondern der Gesamtumfang der wirtschaftlichen Tätigkeit.[33] Analog zur Definition durch das IfM erfolgt die Einordnung der KMU gemäß dem Benutzerhandbuch der Europäischen Kommission nach der Mitarbeiterzahl und dem Jahresumsatz, bezieht jedoch zusätzlich die Jahresbilanzsumme in die Gesamtbetrachtung mit ein.

Unter diesen Gesichtspunkten gelten folgende Richtwerte: Kleinstunternehmen sind Unternehmen mit einer Mitarbeiteranzahl von weniger als 10 Personen, der Jahresumsatz und die Jahresbilanzsumme dürfen höchstens 2 Millionen EUR betragen. Kleine Unternehmen beschäftigen weniger als 50 Personen und der Jahresumsatz oder die Jahresbilanzsumme betragen maximal 10 Millionen EUR. Ein mittleres Unternehmen hat weniger als 250 Mitarbeiter, generiert einen Jahresumsatz von bis zu 50 Millionen EUR und die Jahresbilanzsumme überschreitet die 43 Millionen-Euro-Marke nicht.[34]

---

[28] Vgl. http://www.ifm-bonn.org/index.php?id=3 – am 03.07.2011.
[29] Vgl. http://ec.europa.eu/enterprise/policies/sme/files/sme_definition/sme_user_guide_de.pdf, S. 12 – am 03.10.2011.
[30] Ebenda.
[31] Vgl. http://www.ifm-bonn.org/index.php?id=89 – am 03.07.2011
[32] Ebenda.
[33] Vgl. http://ec.europa.eu/enterprise/policies/sme/files/sme_definition/sme_user_guide_de.pdf, S. 12 – am 03.10.2011.
[34] Vgl. ebenda, S. 14.

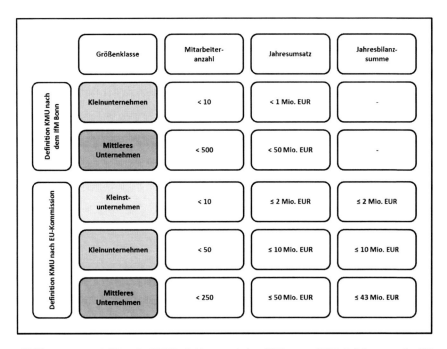

Abbildung 2: Unterscheidung der KMU-Definitionen zwischen IfM Bonn und EU in Anlehnung an das IfM Bonn und die KMU-Definition der EU-Kommission

Im Vergleich mit großen Unternehmen zeichnen sich Unternehmen des Mittelstandes durch ihre sehr kurzen Informationswege und durch eine hohe Flexibilität aus. Im Allgemeinen haben die Unternehmen des Mittelstandes nur sehr geringe Marktanteile, bei in Menge und Sortimentsbreite begrenzten Ressourcen, Technologien und Produkten. Eine hohe Spezialisierung auf bestimmte Kundenkreise ist ein weiteres Merkmal von KMU, dadurch wird auch die individualisierte Erfüllung von Kundenaufträgen realisiert. Bei Unternehmen des Mittelstandes handelt es sich in der Mehrzahl um Einzelunternehmen und kleine Kapitalgesellschaften, da sich die Umsatzvolumen zumeist nicht in den Höhen bewegen, die eine Rechtsform als Publikumsgesellschaft oder einen Börsengang rechtfertigen. Ein weiterer Grund für die Wahl der Unternehmensform des Einzelunternehmens oder einer Personengesellschaft, wie z.B. der Offene Handelsgesellschaft (OHG), ist eine bessere Kreditwürdigkeit durch die Haftung mit dem Privatvermögen zu erreichen. Für umsatzstärkere KMU ist die Rechtsform der Gesellschaft mit beschränkter Haftung (GmbH) weit verbreitet. KMU verfolgen zumeist langfristige Unternehmensstrategien, zumal sie nicht dem permanenten Wachstumsdruck unterliegen wie börsennotierte Unternehmen und entsprechend nicht im Fokus der Öffentlichkeit stehen.[35] Die nachhaltige Unternehmensentwicklung steht hier klar im Vordergrund, im Gegensatz zu einer kurzfristigen Gewinnerzielung.[36] Ein weiterer positiver Aspekt sind die geringen Mitarbeiterfluktuationen, begründet durch engere persönliche Beziehungen der Unternehmensführung zu den Mitarbeitern und die oftmals langjährige regionale Verwurzelung von KMU und ihren entsprechend hohen lokalen Bekanntheitsgrad.[37]

2.3.1 Gesamtwirtschaftliche Bedeutung des Mittelstandes

„Der Mittelstand ist in besonderer Weise Inbegriff für Leistungsbereitschaft, Fleiß und über den Tag hinausgehende gesellschaftliche Verantwortung."[38] Dieses Zitat von Helmut Kohl beschreibt in wenigen Worten die Leistungsfähigkeit des Mittelstandes in Deutschland. Belegbar ist diese Leistungsfähigkeit auch anhand von Kennzahlen des IfM. Demnach gelten folgende Werte:

- von 3,68 Millionen Unternehmen entfallen 3,67 Millionen auf den Mittelstand (99,7% vom Gesamtanteil)
- sie generieren 38,9% des steuerpflichtigen Umsatzes,
- beschäftigen 79,6% der sozialversicherungspflichtig Beschäftigten,
- bilden 83,2% aller Auszubildenden aus und
- erwirtschaften 51,3% der Nettowertschöpfung aller deutschen Unternehmen.[39]

Der Mittelstand gilt somit als Garant für Innovationen, Stabilität und Beschäftigung, zugleich ist er das Rückgrat der deutschen Wirtschaft. Wird die wirtschaftliche Gesamtleistung hinsichtlich Investitionen und Umsatz betrachtet erreicht der Mittelstand einen Anteil von weniger als 50%. In diesem Bereich ist es Großunternehmen möglich, größere

---

[35] Vgl. Schneck, O.: Handbuch Alternative Finanzierungsformen, Weinheim (2006), S. 14 ff.
[36] Vgl. Wolf, J.; Paul, H.: Erfolg im Mittelstand, Wiesbaden (2009), S. 18.
[37] Vgl. Schneck, O.: Handbuch Alternative Finanzierungsformen, Weinheim (2006), S. 14 ff.
[38] http://helmut-kohl.kas.de/index.php?menu_sel=17&menu_sel2=&menu_sel3=&menu_sel4=&msg=1730 – am 07.08.2011.
[39] Vgl. http://www.ifm-bonn.org/index.php?id=99 – am 29.11.2011.

Mengen an Kapital einzusetzen und produktiver zu wirtschaften.[40]

2.3.2 Spezifische Problemfelder des Mittelstandes

Das Handelsblatt spezifiziert folgende Hauptproblemfelder des Mittelstandes in einem Bericht:

- Unternehmen des Mittelstandes reagieren zu spät auf Marktveränderungen, hervorgerufen durch neue Mitbewerber, veränderte Finanzierungskonditionen und schätzen Innovationen in Wechselwirkung mit der Kostenentwicklung und Marktrelevanz falsch ein.[41]
- Viele Unternehmer reagieren erst auf Probleme, wenn diese bereits vorliegen, anstatt proaktive Maßnahmen zu treffen, welche es ermöglichen würden Gefahren bereits im Vorfeld zu erkennen und geeignete Gegenmaßnahmen einzuleiten.[42]
- Es fehlen effiziente Werkzeuge zur Steuerung und Bereitstellung liquider Zahlungsmittel.
- In vielen Betrieben des Mittelstandes mangelt an interner und externer Transparenz durch Defizite in den Organisationsstrukturen. Reflektiert werden diese Missstände durch direkte negative Auswirkungen auf die Führungsfähigkeit der Unternehmen.
- In der Mehrzahl der mittelständischen Unternehmen fehlt es an einer fachlich gut ausgebildeten zweiten Führungsebene durch einen unzureichenden Nachwuchs an qualifiziertem Personal.[43] Dieses Nachwuchsproblem gründet sich darin, dass Unternehmen des Mittelstandes nicht so attraktiv erscheinen wie große Unternehmen und in der Mehrzahl keinen hohen Bekanntheitsgrad aufweisen.[44]
- Die Suche nach Fachkräften, die nicht der Führungsebene angehören, gestaltet sich zunehmend schwieriger. Laut dem Bund der Selbstständigen Baden-Württemberg e.V. (BDS) verzeichnen mittlerweile 68% der Unternehmen des Mittelstandes

---

[40] Vgl.http://www.bundesfinanzministerium.de/nn_39836/DE/BMF__StartS./Service/Glossar/ M/003__Mittelstand.html – am 07.10.2011.
[41] Vgl. http://www.handelsblatt.com/unternehmen/management/strategie/ hausgemachte-probleme-belasten-mittelstand/2632112.html – am 11.07.2011.
[42] Vgl. Polster, C.: Unternehmensfinanzierung im Mittelstand, Norderstedt (2008), S. 17.
[43] http://www.handelsblatt.com/unternehmen/management/strategie/ hausgemachte-probleme belasten-mittelstand/2632112.html – am 11.07.2011.
[44] Vgl. Polster, C.: Unternehmensfinanzierung im Mittelstand, Norderstedt (2008), S. 16.

Schwierigkeiten, neue Mitarbeiter in allen Bereichen, vom Auszubildenden bis zum Ingenieur, zu finden. Diese Problematik gilt als große Herausforderung der nächsten Jahre.[45]

- In diesem Kontext ist des Weiteren die meist ungelöste Nachfolgeproblematik anzusprechen. In vielen Unternehmen des Mittelstandes fehlt es an potenziellen Nachfolgern, die den Unternehmensfortbestand sichern. In der Folge wird zusätzliche Unsicherheit generiert.[46]

Zu einem ähnlichen Ergebnis kommt eine Untersuchung von 15 Unternehmen des Mittelstandes. Hier wurden vor allem Missstände in den Bereichen des vorhandenen Wissens über die eigene Organisationsstruktur und bei der Weitergabe von Fach- und Methodenwissen bemängelt. So werden zwar meist die durch Arbeitsanweisungen standardisierten und zertifizierten Prozesse beherrscht, jedoch mangelt es an dem Verständnis für eine übergreifende, zentrale Informationspolitik über Projekte und Kernkompetenzen. Eine überproportionale Häufung dieser Probleme ist oft an den Schnittstellen zwischen verschiedenen Abteilungen nachzuweisen. Im Bereich des Wissensmanagements ist festzustellen, dass es Defizite bei der Weitergabe von neu erworbenem Wissen durch Tagungen und Messen gibt. Oft werden neue Erkenntnisse nicht adäquat aufbereitet und gesichert, weil das Verständnis für die Notwendigkeit nicht vorhanden ist. Zudem gilt der Wissenstransfer zwischen der älteren und jüngeren Mitarbeitergeneration als problematisch.[47] Die Problemfelder, die insbesondere für diese Arbeit von Bedeutung sind, betreffen in erster Linie finanzielle Aspekte und vorausgehend Defizite in der Informationsbeschaffung. So haben Personen, die wichtige Entscheidungen in finanziellen Sektoren treffen, zum einen oft nicht alle dafür notwendigen Informationen vorliegen und im Weiteren weisen die Kompetenzträger häufig Wissenslücken im Bereich der Unternehmensfinanzierung auf. Das Problem der Wissensdefizite begründet sich hier im Wesentlichen in der Folge der Entstehung des Unternehmens aus der handwerklich-technischen Qualifikation heraus, wo betriebswirtschaftliche Aspekte unzureichend Beachtung im operativen Geschäft finden und entsprechendes Fachwissen fehlt. Im Bereich des operativen Geschäfts kann

---

[45] Vgl. http://www.mittelstanddirekt.de/home/wirtschaft_und_politik/nachrichten/die_zehn_groessten_probleme_des_deutschen_mittelstands.html – am 07.10.2011.
[46] Vgl. Polster, C.: Unternehmensfinanzierung im Mittelstand, Norderstedt (2008), S. 16.
[47] Vgl. Mertins K.; Seidel, H.: Wissensmanagement im Mittelstand, Heidelberg (2009), S. 275 ff.

der Unternehmer aufgrund der täglichen Auslastung nur beschränkt Kapazitäten für den Bereich der betriebswirtschaftlichen Belange aufbringen. Zum Tragen kommen diese Defizite insbesondere im Bereich der Bankenratings[48], Fördermittelprogramme und alternativen Finanzierungsmöglichkeiten. Die Grundlage jeder erfolgreichen Unternehmensführung sind elementare Instrumente der Betriebswirtschaft. Der komplette Überblick über die Vermögens-, Finanz- und Ertragslage muss zu jeder Zeit gegeben sein, um schnelle und richtige Entscheidungen zu treffen und Fehlentwicklungen entgegenzuwirken. In mittelständischen Unternehmen mangelt es insbesondere an geeigneten Controllinginstrumenten im Bereich der Kosten- und Leistungsrechnung sowie der Liquiditäts- und Budgetierungsplanung. Werden diese Instrumente als unzureichend durch Kreditoren bewertet, fließt dies in die Risikobewertung ein und kommt in einem schlechteren Rating zum Tragen.[49] Schlechte Ratings führen in der Folge zu teureren Krediten oder auch dazu, dass Unternehmen keine Kredite erhalten, da sie als nicht kreditwürdig erachtet werden, und so ihren Zahlungsverpflichtungen nicht mehr nachkommen können. Ab diesem Punkt ist die Existenz des Unternehmens durch die drohende Insolvenz als solches gefährdet.[50] Diese Konstellation führt zu einer oft verkannten und unterschätzten Gefährdung des Unternehmens und ist gleichbedeutend mit einem hohen unternehmerischen Risiko, welches es durch ein entsprechendes Risikomanagementsystem zu minimieren gilt.

---

[48] Eine Darstellung der geläufigen Ratingstufen für Banken befindet sich in Anhang 1.
[49] Vgl. Polster, C.: Unternehmensfinanzierung im Mittelstand, Norderstedt (2008) S. 14 ff.
[50] Vgl. Kröger, F.J.: Risikomanagement in mittelständischen Unternehmen, Reinbek (2001), S. 98.

3 Rechtliche Grundlagen für Risikomanagementsysteme

3.1 Gesetz zur Kontrolle und Transparenz im Unternehmensbereich

Das Inkrafttreten des KonTraG führte zu zahlreichen Änderungen in den Gesetzestexten. Betroffen waren unter anderem das Handelsgesetzbuch (HGB), das Aktiengesetz, das Publizitätsgesetz (PublG), das Genossenschaftsgesetz (GenG) und das Wertpapierhandelsgesetz.[51] Diese Arbeit wird sich in diesem Abschnitt mit den betroffenen Gesetzestexten beschäftigen, die Auswirkungen auf das Risikomanagement der verschiedenen Rechtsformen haben. Wie bereits in der Einleitung dieser Abhandlung angesprochen, wird mit den Gesetzesänderungen durch das KonTraG eine Stärkung der Transparenz, Aufsicht und Kontrolle im Unternehmen beabsichtigt; das Ziel ist es, Gefahren für die Unternehmen schneller zu erkennen und entsprechend agieren zu können.[52] Die verstärkte Finanzierung großer deutscher Unternehmen an den internationalen Kapitalmärkten und die damit verbundene Anpassung an internationale Regularien stellen einen weiteren wichtigen Grund dar.[53] Erreicht werden soll dies durch eine Verbesserung der Zusammenarbeit zwischen Aufsichtsrat, Vorständen und Wirtschaftsprüfern. Die Summe dieser Vorschriften zielt nicht nur darauf ab, das Unternehmen und die Anteilseigner zu schützen, sondern auch das Vertrauen in das Unternehmen zu stärken. Die Einführung eines Risikomanagementsystems wird als Pflicht des Vorstands definiert, die Kontrolle der Implementierung obliegt dem Aufsichtsrat, unterstützt wird er dabei durch Abschlussprüfer.[54] In großen Unternehmen war das KonTraG eher von klarstellender Wirkung, da diese zumeist bereits seit geraumer Zeit über eigene Risikomanagementsysteme verfügten. Es bildete hier die Grundlage, den Umfang der bisherigen Maßnahmen zu prüfen und gegebenenfalls anzupassen.[55] Für die von dem Gesetz betroffenen Unternehmen des Mittelstandes waren die Änderungen weitaus umfangreicher. Für die Einführung eines Risikomanagementsystems sind Systeme der Frühwarnung, der internen Überwachung und des Controllings notwendig. Es ist davon auszugehen, dass diese Anforderungen zu einer Optimierung des bisherigen Mindeststandards der im Mittelstand dafür verwendeten Instrumente führen wer-

---

[51] Vgl. Schneck, O.: Risikomanagement: Grundlagen, Instrumente, Fallbeispiele, Weinheim (2010), S. 33.
[52] Vgl. Führing, M.: Risikomanagement und Personal, Wiesbaden (2006), S. 18.
[53] Vgl. Martin, T.A.; Bär, T.: Grundzüge des Risikomanagements nach KonTraG, München (2002), S. 37.
[54] Vgl. Schneck, O.: Risikomanagement: Grundlagen, Instrumente, Fallbeispiele, Weinheim (2010), S. 33.
[55] Vgl. Martin, T.A.; Bär, T.: Grundzüge des Risikomanagements nach KonTraG, München (2002), S. 48.

den.[56]

Wie bereits erwähnt, handelt es sich beim KonTraG um eine ganze Reihe an Gesetzesänderungen. Die wichtigsten enthaltenen Neuregelungen sind:

- die Verpflichtung zur Einrichtung eines Risikomanagementsystems,
- die Pflicht zur Berichterstattung über zukünftige Risiken im Rahmen der weiteren Unternehmensentwicklung
- und die Ausweitung der Jahresabschlussprüfung.[57]

Die Änderung mit der weitaus größten Wirkung betrifft den neu eingeführten Absatz 2 des § 91 AktG. Darin werden die Vorstände von Aktiengesellschaften aufgefordert, geeignete Maßnahmen zu treffen, insbesondere in Form eines Überwachungssystems, um den Unternehmensbestand gefährdende Entwicklungen frühzeitig zu erkennen und eine angemessene Interne Revision einzuführen und zu betreiben.[58] Genannt werden als bestandsgefährdende Entwicklungen z.B. risikobehaftete Geschäfte, eine falsche Rechnungslegung und der Verstoß gegen Gesetze und gesetzesähnliche Vorschriften.[59] Abgerundet werden die Ausführungen des § 91 Abs. 2 AktG durch die Abschlussprüfung. Diese findet nur bei amtlich notierten Unternehmungen Anwendung, die so ihre Überwachungssysteme auf Eignung prüfen lassen müssen.[60] Mit der Einschränkung auf amtlich notierte Unternehmen soll der Mittelstand entlastet werden, da mittelständische Unternehmen zumeist nicht entsprechend notiert sind.[61] Nach § 317 Abs. 4 HGB muss im Rahmen der Abschlussprüfung des Jahresabschlusses untersucht werden, ob die Pflicht des Vorstands, das nach § 91 Abs. 2 AktG vorgeschriebene Risikomanagementsystem einzuführen, erfüllt wurde. Zur frühzeitigen Information von Vorstand und Aufsichtsrat über wesentliche zukünftige Risiken wird in § 289 Abs. 1 HGB die Aufnahme dieser Risiken in den regelmäßigen Lagebericht gefordert. Im weiteren Verlauf wird durch § 317 Abs. 2 HGB gefordert, die Darstellung der Risiken der zukünftigen Unternehmensentwicklung im

---

[56] Vgl. Sielaff, C.: Konzipierung und Implementierung eines Risikomanagementsystems in mittelständischen Unternehmen, Hamburg (2006), S. 13.
[57] Vgl. Martin, T.A.; Bär, T.: Grundzüge des Risikomanagements nach KonTraG, München (2002), S. 38.
[58] Vgl. http://dipbt.bundestag.de/dip21/btd/13/097/1309712.pdf, S. 4 und 15 – am 20.10.2011.
[59] Vgl. Martin, T.A.; Bär, T.: Grundzüge des Risikomanagements nach KonTraG, München (2002), S. 46.
[60] Vgl. Fleischer, H.: Handelsgesetzbuch, München (2009), S. 98 (§ 317 Abs. 4).
[61] Vgl. Seibert, U.: Das Gesetz zur Kontrolle und Transparenz im Unternehmensbereich (KonTraG) – Die aktienrechtlichen Regelungen im Überblick, in: Reform des Aktienrechts, der Rechnungslegung und Prüfung, Stuttgart (1999), S. 10.

Lagebericht auf ihre Plausibilität zu prüfen. Es wird im Gesetzestext nochmals verstärkt auf die Wichtigkeit dieser Beurteilung hingewiesen.[62]

Gemäß dem Wortlaut betrifft die Einrichtung eines Risikomanagementsystems explizit Aktiengesellschaften. Es besteht dadurch Klärungsbedarf hinsichtlich der Anwendbarkeit und Auswirkungen auch auf andere Gesellschaftsformen, speziell auf die GmbH, die eine zentrale Bedeutung im Mittelstand hat.[63] Wie wichtig die Einbeziehung der GmbH ist, zeigen auch aktuelle Untersuchungen. Demnach entfielen im ersten Halbjahr 2011 39,5% der gemeldeten Unternehmensinsolvenzen auf diese Gesellschaftsform.[64] Eine entsprechende Neuregelung soll durch das GmbHG jedoch nicht erfolgen. Je nach Größe und Komplexität der Struktur soll für Gesellschaften mit beschränkter Haftung keine andere Anordnung gelten, da die Neuregelungen durch das KonTraG Ausstrahlwirkung auf andere Gesellschaftsformen haben.[65] § 43 Abs. 1 GmbHG begründet ebenfalls die Ausstrahlwirkung auf die GmbH. Nach diesem Gesetzestext hat die Geschäftsführung der GmbH in den Tätigkeiten der GmbH die Sorgfalt eines ordentlichen Geschäftsmannes anzuwenden und entsprechend angemessen auf Risiken zu reagieren.[66] Aufgrund der offenen Formulierungen und unklaren Grundsätze ist der Ermessensspielraum als sehr hoch einzuschätzen.[67] Die genaue Ausgestaltung des Risikomanagementsystems hängt von verschiedenen Faktoren ab. Durch den Gesetzgeber ausdrücklich empfohlen werden folgende Kennzahlen:

- „Größe des Unternehmens,
- Branche,
- Struktur und Komplexität des Unternehmens und
- Kapitalmarktzuwachs"[68]

Diese Kennzahlen sind nur sehr vage und sollen lediglich einen groben Anhaltspunkt geben.

Genaue Definitionen über Art und Umfang des Risikomanagementsystems wurden auch

---

[62] Vgl. Schneck, O.: Risikomanagement: Grundlagen, Instrumente, Fallbeispiele, Weinheim (2010), S. 35.
[63] Vgl. Martin, T.A.; Bär, T.: Grundzüge des Risikomanagements nach KonTraG, München (2002), S. 39.
[64] Vgl. http://www.creditreform.de/Deutsch/Creditreform/Presse/Archiv/
Insolvenzen_Neugruendungen_Loeschungen_DE/2011_-_1._Halbjahr/
2011-06-27_Insolvenzen_Neugruendungen_Loeschungen.pdf, S. 21 – am 14.08.2011.
[65] Vgl. http://dipbt.bundestag.de/dip21/btd/13/097/1309712.pdf, S. 15 – am 20.10.2011.
[66] Vgl. http://www.gesetze-im-internet.de/gmbhg/__43.html – am 20.10.2011.
[67] Vgl. Martin, T.A.; Bär, T.: Grundzüge des Risikomanagements nach KonTraG, München (2002), S. 44.
[68] Ebenda, S. 41 ff.

auf Grundlage von Differenzen zwischen betriebswirtschaftlicher Theorie und Praxis durch den Gesetzgeber nicht festgelegt.[69] Das Institut der Wirtschaftsprüfer hat als Orientierungshilfe einen Prüfungsstandard über die Überprüfung des Risikofrüherkennungssystems nach § 317 Abs. 4 HGB veröffentlicht. Die Maßnahmen nach § 91 Abs. 2 AktG werden in diesem Werk speziell erläutert. Genannt werden:

- „Festlegung der Risikofelder, die zu bestandsgefährdenden Entwicklungen führen können,
- Risikoerkennung und Risikoanalyse,
- Risikokommunikation,
- Zuordnung der Verantwortlichkeiten und Aufgaben,
- Einrichtung eines Überwachungssystems und
- Dokumentation der getroffenen Maßnahmen".[70]

Die Maßnahmen werden im weiteren Verlauf der Arbeit, im Rahmen des Risikomanagementprozesses näher erläutert.

Wirtschaft und Wissenschaft würdigten die Einführung der gesetzlichen Pflicht zur Einführung eines Risikomanagementsystems gleichermaßen. Durch die Neuregelungen werden die Unternehmen angehalten sich mit der Wirksamkeit ihres Risikomanagementsystems und des Systems zur Risikofrüherkennung auseinanderzusetzen, auch werden sie hinsichtlich des Umgangs mit Risiken sensibilisiert. Selbsterklärend ist die Tatsache, dass ein Risikomanagementsystem alleine nicht ausreicht, um den Fortbestand des Unternehmens zu sichern, und auch kein Garant für risikofreie Geschäfte ist. Für die Unternehmen des Mittelstandes wird in Fachkreisen vor allem auf den Nachbesserungsbedarf in den Bereichen:

- Frühwarnung,
- Controlling,
- Überwachungssysteme
- und Interne Revision

hingewiesen.

---

[69] Vgl. Vogler, M.; Gundert M. (1998): Einführung von Risikomanagementsystemen – Hinweise zur praktischen Ausgestaltung, in: Der Betrieb, 48. Jg., Seite 2377-2383.
[70] Martin, T.A.; Bär, T.: Grundzüge des Risikomanagements nach KonTraG, München (2002), S. 47.

Daraus ergibt sich die Anforderung sowohl für neugegründete Aktiengesellschaften als auch für GmbHs, die strukturell mit einer AG vergleichbar sind, bereits im Vorfeld der Gründung Planungs- und Controllingfunktionen sowie die Überwachung des Unternehmens sicherzustellen.[71] In Tabelle 2 sind die wichtigsten Regelungen des KonTraG in zusammengefasster Form dargestellt.

Tabelle 2: Zusammenfassung der Regelungen des KonTraG zum Risikomanagement in Anlehnung an Martin, T. A., Bär, T.: Grundzüge des Risikomanagement nach KonTraG, München (2002), S. 68 ff.

Norm	Regelung durch das KonTraG
§ 91 Abs. 2 AktG	Pflicht des Vorstandes: - Geeignete Maßnahmen zur Früherkennung gefährdender Entwicklungen sind zu treffen - Schaffung eines Überwachungssystems
§ 289 Abs. 1 HGB § 315 Abs. 1 HGB	- In Lageberichten sind der Geschäftsverlauf und die Lage der Kapitalgesellschaft gemäß den tatsächlichen Verhältnissen darzustellen - Auf Risiken in der zukünftigen Entwicklung ist in den Berichten einzugehen
§ 317 Abs. 1 HGB	- Prüfung des Lageberichts auf Konformität mit dem Konzernabschluss sowie den Prüfungsergebnissen - Wird eine zutreffende Lagedarstellung des Unternehmens vermittelt? - Werden die Risiken in der zukünftigen Entwicklung zutreffend dargestellt?
§ 317 Abs. 4 HGB	Bei AG mit amtlicher Notierung ist zusätzlich zu prüfen: - ob der Vorstand nach § 91 Abs. 2 AktG Maßnahmen in geeigneter Form getroffen hat und ob das interne Überwachungssystem seine Aufgaben erfüllen kann
§ 321 Abs. 1 und Abs. 4 HGB	- Abs. 1: Beurteilung der Lage, insbesondere des Fortbestandes und der künftigen Entwicklung aus Sicht des Prüfers - Abs. 4: Falls eine Beurteilung nach § 317 Abs. 4 abgegeben wurde, ist das Ergebnis in einem gesonderten Teil darzustellen - Es ist darauf einzugehen, ob Maßnahmen zur Verbesserung des internen Überwachungssystems notwendig sind
§ 322 HGB	- Abs. 2 S. 2: Auf Risiken, die den Unternehmensbestand gefährden, ist gesondert einzugehen - Abs. 3 S. 2: Es ist auch darauf einzugehen, ob die Risiken den künftigen Entwicklungen entsprechend dargestellt sind

---

[71] Vgl. ebenda, S. 49.

3.2 Corporate-Governance-Regeln

Der Begriff Corporate Governance entstammt dem Englischen und steht im weitesten Sinne für Unternehmensverfassung. Diese Übersetzung ist jedoch nicht tiefgreifend genug, um alle betroffenen Aspekte ausreichend widerzuspiegeln. Daher ist der Terminus Corporate Governance auch international gebräuchlich.[72] Eine durch die Bundesministerin für Justiz eingesetzte Regierungskommission unter der Leitung von Prof. Dr. Theodor Baums (Baums-Kommission) verabschiedete am 26. Februar 2002 den Deutschen Corporate Governance Kodex.[73] Die rechtliche Grundlage bildete die Entsprechungsgrundlage gemäß § 161 AktG.[74] Demnach müssen der Vorstand und der Aufsichtsrat eine jährliche Erklärung an das Bundesministerium der Justiz abgeben, in der bestätigt wird, dass die Vorgaben, die im amtlichen Teil des elektronischen Bundesanzeigers veröffentlicht sind, umgesetzt wurden, und falls nicht aus welchem Grund.[75] Es ist eine weitere als auch eine enger gefasste Begriffsdefinition für Corporate Governance geläufig. Die Kontrollmechanismen, die für die Überwachung der Führungsverantwortlichen eines Unternehmens zum Einsatz kommen, werden unter diesen Bedingungen im engeren Sinne betrachtet. Diese Betrachtungsweise basiert auf der Prinzipal-Agenten-Theorie und der damit verbundenen Gewinnung von Informationsvorteilen.[76] Hier setzt der Corporate Governance Kodex an, er soll die Möglichkeit der Ausnutzung von Informationsvorteilen unterbinden und eine ordnungsgemäße Unternehmensführung sicherstellen. Unter diese engere Definition fallen alle geltenden Gesetze und Vorschriften, in denen die Verantwortlichkeiten der Unternehmensführung gegenüber den Anteilseignern festgelegt sind. Die Definition im weiteren Sinne betrifft alle Stakeholder eines Unternehmens. Beachtung finden alle Informations- und Kontrollstrukturen, welche die Verantwortlichkeiten der Unterneh-

---

[72] Vgl. Schneck, O.: Risikomanagement: Grundlagen, Instrumente, Fallbeispiele Weinheim (2010), S. 40.
[73] Vgl. Ruter, R.X.; Sahr, K.; Waldersee, G. G. (Hrsg.): Public Corporate Governance, Wiesbaden (2005) S. 7.
[74] Vgl. http://www.corporate-governance-code.de/ – am 14.08.2011.
[75] Vgl. http://www.gesetze-im-internet.de/aktg/__161.html – am 15.08.2011.
[76] Nach der Prinzipal-Agent-Theorie sind Wirtschaftssubjekte durch eine ungleichmäßige Informationsverteilung in ihrer Entscheidungsfindung eingeschränkt und verfolgen verschiedene Interessen. Die Rollenverteilung nach diesem Modell gestaltet sich wie folgt: Der Auftraggeber (Prinzipal) beauftragt einen Auftragnehmer (Agent) mit einer Aufgabe. Reflektiert auf das Unternehmen sind die Anteilseigner der Prinzipal und die Unternehmensführung der Agent. Da beide Seiten verschiedene Ziele verfolgen, kann dies zu Zielkonflikten führen. Die Anteilseigner erwarten von der Unternehmensführung, dass diese ihre gesamten Anstrengungen in die Auftragserfüllung investiert. Jedoch kann die Vorgehensweise der Geschäftsführung nur unzureichend überwacht werden, somit hat der Agent einen Informationsvorteil gegenüber den Anteilseignern und kann diesen für seine eigenen Interessen nutzen. Vgl. Schneck, O.: Risikomanagement: Grundlagen, Instrumente, Fallbeispiele Weinheim (2010), S. 40.

mensführung gegenüber den Stakeholdern sicherstellen. In dieser Definition findet auch die soziale, gesellschaftliche und kulturelle Verantwortung der Unternehmung Beachtung.[77] „Im Allgemeinen kann unter Corporate Governance das Setzen und Einhalten aller Verhaltensgrundsätze zusammengefasst werden, die für die Leitung und Überwachung eines Unternehmens von Bedeutung sind."[78] Grundsätzlich sind die folgenden vier Hauptbereiche des Corporate Governance zu unterscheiden:

- „[die] allgemeine Zielsetzung durch das Unternehmen,
- Strukturen, Prozesse, Personen der Unternehmensführung,
- Evaluation der Führungsaktivitäten [und die]
- Unternehmenskommunikation."[79]

Hauptziel ist es, die Transparenz zu erhöhen und eine gleichmäßige Verteilung von Führungs- und Kontrollaufgaben zu ermöglichen. Es ist zwischen verpflichtenden und unverbindlichen Corporate-Governance-Vorschriften zu unterscheiden. Die Regeln können ihre Legitimation aus Gesetzen erhalten oder es kann sich um freiwillige Absichtserklärungen von Unternehmen handeln.[80] Um eine Stärkung des Vertrauens in die Unternehmensführung deutscher Gesellschaften durch nationale wie internationale Investoren zu ermöglichen, werden mit dem Deutschen Corporate Governance Kodex (DCGK) die in Deutschland geltenden Regeln für Unternehmensleitung und -überwachung transparent und verständlich dargestellt.[81] Um eine ständige Verbesserung und Optimierung zu gewährleisten, wird der DCGK von einer Kommission jährlich geprüft und an die vorherrschenden Erfordernisse angepasst. Mit dem DCGK wird nicht nur eine Vereinheitlichung und Standardisierung der Corporate-Governance-Regeln deutschlandweit angestrebt, sondern er enthält auch konkrete Vorschläge für eine nachhaltige Unternehmensführung. In erster Linie richtet sich der Kodex an börsennotierte Unternehmen, empfohlen wird er jedoch auch für alle anderen Unternehmen[82] und somit auch für den Mittelstand.

---

[77] Vgl. Schneck, O.: Risikomanagement: Grundlagen, Instrumente, Fallbeispiele, Weinheim (2010), S. 40.
[78] Ebenda, S.41.
[79] http://www.controllingportal.de/Fachinfo/Risikomanagement/Corporate-Governance.html – am 21.08.2011.
[80] Vgl. Schneck, O.: Risikomanagement: Grundlagen, Instrumente, Fallbeispiele, Weinheim (2010), S. 41.
[81] Vgl. http://www.corporate-governance-code.de/ – am 14.08.2011.
[82] Vgl. Schneck, O.: Risikomanagement: Grundlagen, Instrumente, Fallbeispiele, Weinheim (2010), S. 41.

Nach einem Statement der Ernst & Young AG von 2007 sind viele Grundfragen der Corporate Governance nicht an die Rechtsform gebunden. Es ergeben sich durch die Regeln Ansatzpunkte, die für den Mittelstand durchaus interessant sind, dazu gehören z.B.:

- die Vorgabe eines Orientierungsrahmens für eine verantwortungsvolle Unternehmensleitung,
- eine qualifizierte Kontrolle der Unternehmensführung,
- durch die Unterstützung externer Kontrollgremien und deren Fachwissen die Unternehmenspolitik mitzugestalten und bei der strategischen Entscheidungsfindung zu unterstützen.

Kleine und mittlere Unternehmen nutzen die Möglichkeiten, die sich hier ergeben, bisher kaum oder überhaupt nicht. Es besteht Handlungsbedarf für die Eigentümer der Unternehmen, die Regeln nicht nur als Kostentreiber zu erachten, sondern als Möglichkeit, durch eine optimale Umsetzung zur Risikominimierung beizutragen, das Unternehmensimage zu schützen und dauerhaft eine optimale Entwicklung des Unternehmens zu unterstützen.[83] Auf Grundlage nicht vorhandener gesetzlicher Verankerung kann der Deutsche Corporate Governance Kodex schnell und flexibel an aktuelle Erfordernisse und Entwicklungen angepasst werden. Auch sind Bestrebungen erkennbar, die Unternehmen durch Handlungsanregungen, also die freien Absichtserklärungen, aktiv in die Entwicklung und Ausgestaltung der Corporate-Governance-Regeln einzubeziehen. Die Nichteinhaltung der Regeln führt in der Regel lediglich zu Imageschäden für das betreffende Unternehmen, Strafen sind momentan nicht vorgesehen.[84]

---

[83] Vgl. http://www.ifm-bonn.org/assets/documents/statement-ernst&young-herbst-2007.pdf – am 14.08.2011.
[84] Vgl. Schneck, O.: Risikomanagement: Grundlagen, Instrumente, Fallbeispiele, Weinheim (2010), S. 42 ff.

4 Ausgestaltung von Risikomanagementsystemen

Im vierten Kapitel dieser Arbeit werden nun alle Punkte zusammengefasst, die darstellen, wie ein Risikomanagementsystem in mittelständischen Unternehmen aussehen soll. Eine nähere Eingrenzung des Begriffs Risikomanagementsystem ist bereits in Kapitel 2.2 erfolgt, daher wird hier darauf verzichtet. Zunächst werden die begleitenden Grundlagenprozesse des internen Überwachungssystems, des Risikocontrollings und der Risikostrategie erörtert, danach die einzelnen Bestandteile des Risikomanagementprozesses in Analogie zu Abbildung 3. Ferner werden Instrumente vorgestellt, welche die Umsetzung der einzelnen Phasen des Risikomanagementprozesses ermöglichen. Diese wurden bewusst einfach gewählt, um sicherzustellen, dass sie problemlos und ohne hohe Kosten in die Arbeitsabläufe der KMU implementierbar sind.

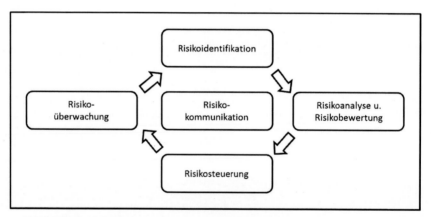

Abbildung 3: Der Risikomanagementprozess in Anlehnung an Martin, T. A., Bär T.: Grundzüge des Risikomanagements nach KonTraG, München 2002, S. 89

Die Ausgestaltung eines Risikomanagementsystems stellt sich in jedem Unternehmen unterschiedlich dar. Hier sollen besonders die Anforderungen der kleinen und mittleren Unternehmen hervorgehoben werden. Wie bereits angesprochen, ist ein Hauptmerkmal dieser Unternehmensgruppe eine relativ geringe Unternehmensgröße, daraus resultiert eine geringe bis mittlere Anzahl an internen und externen komplexen Prozessen. Auf Grundlage dieser Einschränkungen muss ein Risikomanagementsystem eines KMU nicht den Umfang und die Komplexität erreichen, die für Großunternehmen notwendig wären.

Als wichtige Kennzahlen zur Bestimmung des Umfangs von Risikomanagementsystemen sind in Abweichung zu den allgemeineren Empfehlungen durch das KonTraG, die hier als Ergänzung zu betrachten sind, aufzuführen:

- die Umsatzgröße,
- die Komplexität der Prozesse,
- die Anzahl der Mitarbeiter und die Mitarbeiterqualifikation,
- die Breite des Produktportfolios,
- die Größe des Kundenstamms und die bereits vorhandene IT-Infrastruktur.[85]

4.1 Das interne Überwachungssystem und Risikocontrolling

Internes Überwachungssystem

Das Interne Überwachungssystem ist ein Bestandteil des Internen Kontrollsystems (IKS). Die für den Mittelstand relevantesten Inhalte des Internen Überwachungssystem sind die Interne Revision und Kontrolle. Sie werden in diesem Kapitel kurz beschrieben. Abbildung 4 verdeutlicht den organisatorischen Aufbau des IKS und die Einordnung des Internen Überwachungssystem darin.

Das Interne Überwachungssystem unterstützt die Unternehmensführung in ihren Überwachungsaufgaben[86] und setzt sich aus prozessintegrierten (Kontrollen) und prozessunabhängigen (Interne Revision) Kontrollmaßnahmen zusammen. Die Hauptaufgaben umfassen zwei Grundfunktionen:

1. Präventivfunktion: Risiken soll vorgebeugt oder ihre Auswirkungen vermindert werden.
2. Korrekturfunktion: Durch Überprüfungen wird die Leistungs- und Funktionsfähigkeit des Risikomanagementprozesses beurteilt und es werden notwendige Nachbesserungen ausgelöst.[87]

---

[85] Vgl. Schröer, C.: Risikomanagement in KMU: Grundlagen, Instrumente, Nutzen, Saarbrücken (2007), S. 47.
[86] Vgl. Strohmeier, G.: Ganzheitliches Risikomanagement in Industriebetrieben, Wiesbaden (2007), S. 169.
[87] Vgl. Martin, T.A.; Bär, T.: Grundzüge des Risikomanagements nach KonTraG, München (2002), S. 130 ff.

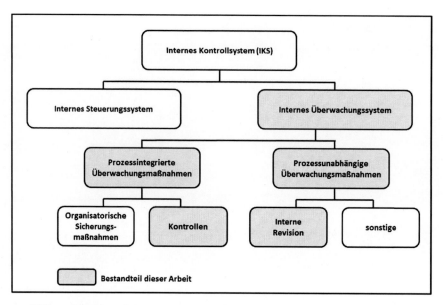

Abbildung 4: Organisatorischer Aufbau des internen Kontrollsystems in Anlehnung an Gleißner, W.: Grundlagen des Risikomanagements im Unternehmen, München (2011), S. 236

Interne Revision

Entscheidungen unter Risikogesichtspunkten können ohne zuverlässige Informationen nicht getroffen werden. Ein Risikomanagementsystem und die damit verbundenen Kosten wären damit verschwendet. Es ist daher eine Überwachungsinstanz notwendig, die die Funktionsfähigkeit des Risikomanagements sicherstellt. Für eine objektive und unabhängige Überwachung ist es notwendig, dass diese nicht in die Geschäftsprozesse eingebunden ist. Die Forderung nach einer solchen Überwachungseinheit für das Risikomanagement wird durch das KonTraG gestützt und sollte auch im eigenen Interesse der Unternehmen liegen. Wirtschaftsprüfer, der Aufsichtsrat oder die Interne Revision können beispielhaft diese Überwachungsinstanz bilden.

Begründet durch die Nähe zu den verschiedenen Prozessen und ihre Neutralität eignet sich die Interne Revision als eigenständige Kontrollinstanz für diese Aufgabe im hohen Maße. Die Schaffung einer separaten Kontrollinstanz ist gerade für kleine und mittelständische Unternehmen mit hohen Kosten verbunden, daher übertragen diese oft die Aufgaben und Funktionen auf die Unternehmensführung. Die Anforderungen an ein Überwachungssystem werden auf diese Weise nur unzureichend erfüllt, da die notwendige Neutralität fehlt. Entscheidendes Kriterium der Internen Revision ist somit die korrekte Durchführung der Überwachungsfunktion.[88] Die Aufgabe der Internen Revision umfasst die Bewertung und Prüfung der

- „Wirtschaftlichkeit,
- Sicherheit und Ordnungsmäßigkeit von Gesamtabläufen sowie
- die Wirksamkeit von internen Kontrollsystemen im Unternehmen."[89]

In diesem Zusammenhang muss ermittelt werden, ob die betrieblichen Vorschriften, Prozessvorgaben, Arbeitsanweisungen und Gesetze während aller Abläufe, Funktionen und Prozesse eingehalten werden. Die Frage der Wirtschaftlichkeit wird geprüft, indem die Prozesse und Systeme auf ihre Effizienz hin getestet werden, aber auch durch Kostenoptimierung. Auch die Gesamtabläufe und die Organisationsstruktur müssen sich mit Fragen der Sinnhaftigkeit und Zweckmäßigkeit auseinandersetzen. So wird untersucht, in welchen Unternehmensbereichen Risiken erfasst werden können und wo innerhalb der Prozesse und Strukturen Differenzen in der Sicherheit auftreten können, die das Unternehmen bedrohen. Die Überprüfung durch die Interne Revision muss für alle Unternehmensbereiche erfolgen, betroffen sind sowohl die operativen Bereiche als auch Bereiche wie Controlling, Rechnungswesen und die Qualität des Managements.[90]

Eine weitere Aufgabe der Internen Revision ist die angemessene Dokumentation im Rahmen des Risikomanagements. Sie ermöglicht externen Wirtschaftsprüfern eine zuverlässige Überprüfung. Eine genauere Erläuterung der Dokumentation wird in Kapitel 4.8 erfolgen. Das Vorhandensein eines an die gesetzlichen Forderungen angepassten Überwachungssystems und die ordnungsgemäße Gesamtrisikoeinordnung des Unternehmens sind durch den Abschlussprüfer zu prüfen.[91] Zur Wahrung der ordnungsgemäßen Ausführung der Aufgaben der Internen Revision ist es unerlässlich, dass die Neutralität und Objektivität sichergestellt sind. Auch ist zu gewährleisten, dass diese Instanz stets die Möglichkeit hat, selbständig zu prüfen, zu bewerten und aufgedeckte Missstände aufzu-

---

[88] Vgl. Schneck, O.: Risikomanagement: Grundlagen, Instrumente, Fallbeispiele, Weinheim (2010), S. 88 ff.
[89] Kröger, F. J.: Risikomanagement in mittelständischen Unternehmen, Reinbek (2001), S. 275.
[90] Vgl. Schneck, O.: Risikomanagement: Grundlagen, Instrumente, Fallbeispiele, Weinheim (2010), S. 89.
[91] Vgl. Kröger, F. J.: Risikomanagement in mittelständischen Unternehmen, Reinbek (2001), S. 275.

zeigen.⁹² Für KMU ist es wichtig, dass sie die Interne Revision nicht als selbständige Instanz anlegen müssen, vielmehr ist es wichtig, dass diese Funktion überhaupt dargestellt wird. Diese Aufgabe kann sowohl durch entsprechend fachlich geschulte Risikobeauftragte als auch durch externe Beratungsdienste im KMU ausführt werden.⁹³

Interne Kontrollen

Die interne Kontrolle als prozessabhängige Überwachung wird im Unterschied zur Internen Revision als prozessunabhängiger Überwachung durch die Integration der Überwachungsaufgaben direkt in die Arbeitsabläufe gekennzeichnet. Ziel ist es, die Anzahl von Fehlern durch das korrekte Ausführen der Tätigkeiten zu verringern. Dazu sind an die Betriebsabläufe zahlreiche Kontrolltätigkeiten gekoppelt wie z.B. Qualitätskontrollen und Rechnungskontrollen.⁹⁴

Folgende Kontrollmaßnahmen sind erforderlich:

- Überwachung von Limits,
- Terminüberwachung,
- „Genehmigung und Kontrolle der Risikoberichterstattung und
- Vergleich interner Daten mit externen Quellen."⁹⁵

Eine eindeutige Abgrenzung zwischen internem Überwachungssystem und Controlling ist nicht möglich, da die Aufgaben zu eng miteinander verbunden sind,⁹⁶ daher erfolgt die Einordnung des Risikocontrollings ebenfalls im Kontext des internen Überwachungssystems.

Das Risikocontrolling

Der Teil des Controllings, der „einen wichtigen Beitrag zur Sicherstellung der Risikomanagementfunktion leistet",⁹⁷ wird als Risikocontrolling bezeichnet. Es lassen sich zwei Hauptziele identifizieren: Als direktes Ziel verfolgt das Risikocontrolling die Unterstützung der Unternehmensführung im Umgang mit Risiken und als indirektes Ziel die Absicherung

---

⁹² Vgl. Schneck, O.: Risikomanagement: Grundlagen, Instrumente, Fallbeispiele, Weinheim (2010), S. 89.
⁹³ Vgl. Sielaff, C.: Konzipierung und Implementierung eines Risikomanagementsystems in mittelständischen Unternehmen, Hamburg (2006), S. 24.
⁹⁴ Vgl. Martin, T.A.; Bär, T.: Grundzüge des Risikomanagements nach KonTraG, München (2002), S. 133.
⁹⁵ Ebenda.
⁹⁶ Vgl. ebenda.
⁹⁷ Winter, P.: Risikocontrolling in Nicht-Finanzunternehmen, Mannheim (2006), S. 201.

der weiteren zukünftigen Unternehmensexistenz.[98] Das Bereitstellen von Informationen und die Sicherstellung der Risikoberichterstattung unterstützen diesen Prozess.[99] Weitere Aufgabengebiete umfassen:

- die Informationsversorgung der Unternehmensführung durch Analysen, Planungen und Kontrollen,
- das Risikoreporting,
- die Überwachung festgelegter Limits[100] (die Überwachung von Limits kann auch der Internen Revision zugeordnet sein),
- die Bereitstellung geeigneter Instrumente und Verfahren zur Durchführung der Analyse- und Kontrollaufgaben und
- die Entlastung des Unternehmens durch die Bewertung risikorelevanter Sachverhalte.

Der Einfluss auf die Risikosteuerung ist dabei nur mittelbar, alleine das Risikomanagement darf Maßnahmen zur Steuerung von Risiken festlegen. Es nutzt die durch das Risikocontrolling bereitgestellten Informationen zur kontinuierlichen Verbesserung seiner Prozesse.[101]

Die Etablierung eines nachhaltigen und leistungsstarken Risikomanagements wird durch die Übernahme wichtiger Aufgaben durch das Risikocontrolling erleichtert. Auch das operative und strategische Controlling ziehen Nutzen aus der engen Zusammenarbeit, es besteht eine enge Wechselbeziehung zwischen Risikomanagement und Risikocontrolling. In den Prozessen des Controllings werden neue Risiken aufgenommen und dem Risikomanagement zugeführt. Auf der anderen Seite wird das Controlling mit Informationen über Risiken durch das Risikomanagement versorgt, da diese für Planabweichungen verantwortlich sein können. Des Weiteren erhöhen die Informationen die Planungssicherheit und dienen dazu, Abweichungen nach ihrer Herkunft zu unterscheiden und Risiken mit den zu erwartenden Einkünften abzugleichen. Dies hat im weiteren Verlauf Einfluss auf

---

[98] Vgl. ebenda.
[99] Vgl. Gleißner, W.: Grundlagen des Risikomanagements im Unternehmen, München (2011), S. 228.
[100] Vgl. Kalwait, R.; Meyer, R.; Romeike, F.; Schellenberger, O.; Erben, R.: Risikomanagement in der Unternehmensführung, Weinheim (2008), S. 48.
[101] Vgl. Löhr, B.W.: Integriertes Risikocontrolling für Industrieunternehmen, Frankfurt (2010), S. 67 ff.

die Ermittlung des Eigenkapitalbedarfs und somit auf den Kapitalkostensatz.[102]

Unabhängig von der Unternehmensgröße sollten die Funktionen des Risikocontrollings nicht nur in Großunternehmen umgesetzt werden, sondern aufgrund ihres Beitrags zur Existenzsicherung und zur Optimierung der Wirtschaftlichkeit auch in den KMU. Ein einfach aufgebautes Risikocontrolling soll den Anforderungen der Mehrzahl der KMU genügen.[103]

4.2 Die Risikostrategie

Dem Risikomanagementprozess vorangestellt ist die Risikostrategie, sie bildet die Grundlage aller zu treffenden Maßnahmen und richtet sich hauptsächlich nach den risikopolitischen Grundsätzen der Unternehmenspolitik und der Managementstrategie.[104] Die Risikostrategie „bestimmt die zukünftige Chancen- und Risikopolitik unter Berücksichtigung der individuellen Risikopräferenz."[105]

Durch die Risikostrategie legt ein Unternehmen fest, welche Risiken eingegangen werden dürfen und welche nicht, und determiniert das Verhältnis zwischen Chancen und Risiken und die Schadenshöhe, ab der Maßnahmen im Rahmen der Risikobewältigung zu ergreifen sind.[106] Sie orientiert sich an der Risikopolitik und der Unternehmensstrategie. Die schriftliche Form ist einzuhalten, zudem ist sie in einer verständlichen Form zu formulieren und muss allen Mitarbeitern zugänglich sein. Folgende Ansätze können in die Formulierungen aufgenommen werden:

- Festlegung über die Risikotragfähigkeit und die allgemeine Risikoanfälligkeit des Unternehmens,
- Spezifikationen über die Organisation des Risikomanagements,

---

[102] Vgl. Gleißner, W.: Grundlagen des Risikomanagements im Unternehmen, München (2011), S. 233 ff.
Kapitalkosten bestehen aus Fremd- und Eigenkapitalkosten, „gewichtet nach ihren Anteilen am Gesamtkapital". In dieser Betrachtung werden die durchschnittlichen Kreditzinsen als Fremdkapitalkosten und die Rendite einer risikofreien Veranlagung plus eines Risikoaufschlags als Eigenkapitalkosten verstanden. Vgl. http://www.betriebswirtschaft.info/2048.html – am 25.10.2011.
[103] Vgl. Löhr, B.W.: Integriertes Risikocontrolling für Industrieunternehmen, Frankfurt (2010), S. 70.
[104] Vgl. Junginger M.: Wertorientierte Steuerung von Risiken im Informationsmanagement, Wiesbaden (2005), S. 199.
[105] Schmitz, T.; Wehrheim, M.: Risikomanagement, Stuttgart (2006), S. 95.
[106] Vgl. ebenda.

- Zuteilung der Risikoressourcen auf die verschiedenen Geschäftsfelder und
- die Definition von Zielvorgaben bezüglich der Risikoposition, der Kontrollvorgaben und Kontrollmechanismen.[107]

Die ständige Überprüfung der Risikostrategie hat sich in der Praxis bewährt, um die Richt- und Leitlinien sofern nötig anzupassen und immer auf einem aktuellen Stand zu halten.[108] Die Festlegung einer Risikostrategie für das Gesamtunternehmen wird als sinnvoll erachtet. Sie gestaltet sich nach dem Top-down-Verfahren, also vor allem durch das Management, das einzelne Bereiche spezifisch strukturiert.[109]

4.3 Die Risikoidentifikation

Die Risikoidentifikation ist die erste Phase des Risikomanagementprozesses und umfasst eine „systematische, strukturierte und auf die wesentlichen Aspekte fokussierte Identifikation [von] Risiken."[110] Zu diesen Risiken zählen alle Gefahrenquellen, Schadensursachen oder Störpotenziale im Unternehmen, die das Erreichen der Unternehmensziele negativ beeinflussen können.[111] Nur erkannte Risiken können im Sinne der Unternehmensziele beeinflusst werden.[112] Die Phase der Risikoidentifikation setzt die durch den § 91 Abs. 2 AktG geforderte frühzeitige Identifikation von Gefährdungen bzw. Risiken um.[113] Für KMU stellt die eigentliche Identifikation der Risiken oft ein großes Problem dar, da es zu enge Verbindungen zwischen den zu versorgenden Märkten und dem Unternehmen gibt. Die bereits in vielen KMU gegenwärtige „Betriebsblindheit" der Mitarbeiter und der Unternehmensführung erschwert das rechtzeitige Erkennen von Risiken, die im täglichen Ge-

---

[107] Vgl. Junginger, M.: Wertorientiertes Steuern von Risiken im Informationsmanagement, Wiesbaden (2005), S. 199.
[108] Vgl. http://annual-report.hannover-re.com/reports/hannoverre/annual/2009/gb/German/60601010/risikostrategie.html – am 07.10.2011.
[109] Vgl. Martin, T.A.; Bär, T.: Grundzüge des Risikomanagements nach KonTraG, München (2002), S. 90.
[110] Vgl. Gleißner, W.: Grundlagen des Risikomanagements im Unternehmen, Controlling, Unternehmensstrategie und wertorientiertes Management, München (2011), S. 58.
[111] Vgl. Romeike F.; Finke R. B.: Erfolgsfaktor Risiko-Management, Chancen für Industrie und Handel, Methoden, Beispiele, Checklisten, Wiesbaden (2003), S. 165.
[112] Vgl. Junginger, M.: Wertorientiertes Steuern von Risiken im Informationsmanagement, Wiesbaden (2005), S. 214.
[113] Vgl. http://dipbt.bundestag.de/dip21/btd/13/097/1309712.pdf, S. 4 – am 21.10.2011.

schäft auftreten können, und von Risiken, die latent Einfluss auf das Geschäft nehmen.[114]

Für die Risikoidentifikation ist der prozessorientierte Ansatz zu empfehlen, dazu werden unterschiedliche Risikobereiche geschaffen, die nach den jeweiligen Abteilungen zu segmentieren sind, z.B. Einkauf, Fertigung, Marketing, Qualitätsmanagement usw. Weiterhin ist darauf zu achten, dass die Abhängigkeiten und Beziehungen zwischen den verschiedenen Einzelrisiken richtig analysiert und identifiziert werden. Nachlässigkeiten bereits hier resultieren in negativen Auswirkungen auf die Folgephasen des gesamten Risikomanagementprozesses.[115] Es ist in Fachkreisen anerkannt, dass Risiken in einem Unternehmen zum einen nur schwer zu erkennen und zum anderen kaum quantitativ bewertbar sind. Ursache hierfür sind zumeist die Risikoquellen, die durch die Unternehmen nicht direkt beeinflusst werden können. Diese Risikoquellen können starke negative Auswirkungen durch ihre gegenseitige Wechselwirkung hervorrufen. Ein strukturiertes Vorgehen ist nötig, um in einer möglichst geringen Zeitspanne einen Überblick über die bestandsgefährdenden Risiken zu erhalten. Zu diesem Zweck ist eine Klassifizierung der Risiken entlang der Planungs- und Berichtsstrukturen des Unternehmens zweckmäßig. Die Unterteilung der Risiken erfolgt zumeist in folgender Rangfolge:

1. finanzwirtschaftliche Risiken (Marktpreis-, Kredit und Liquiditätsrisiken),
2. leistungswirtschaftliche Risiken (Absatz- und Betriebsrisiken),
3. strategische Risiken und
4. Risiken aus Corporate Governance.

Einzelrisiken sind nach ihren Auswirkungen auf das Unternehmen zu untersuchen und im Anschluss zu selektieren. Von großer Bedeutung sind wie im Vorfeld erwähnt die Risiken, die sich im hohen Maße auf die Unternehmensziele auswirken. Als erforderliche Kennzahlen sind die Schadenshöhe, Eintrittswahrscheinlichkeiten, Diversifikationseffekte[116] und die Wirkungsdauer zu bestimmen. Bereits in der Phase der Risiko-identifikation ergibt sich die Notwendigkeit, klare Verantwortungsbereiche festzulegen, um spätere Komplikationen zu verhindern.[117] Weiterhin „ist eine verständliche, systematische und umfassende

---

[114] Vgl. http://www.mittelstandswiki.de/Risiken_identifizieren – am 27.09.2011.
[115] Vgl. Romeike F.; Finke R. B.: Erfolgsfaktor Risiko-Management, Chancen für Industrie und Handel, Methoden, Beispiele, Checklisten, Wiesbaden (2003), S. 165.
[116] Unter Diversifikation wird die Aufteilung des Gesamtvermögens auf unterschiedliche Anlagemöglichkeiten mit dem Ziel der Risikoreduzierung verstanden.
Vgl. http://finance.wiwi.tu-dresden.de/Wiki-fi/index.php/Diversifikation – am 25.10.2011.
[117] Vgl. Schneck, O.: Risikomanagement: Grundlagen, Instrumente, Fallbeispiele, Weinheim (2010), S. 115 ff.

Dokumentation zu erarbeiten",[118] da sich die notwendigen Maßnahmen für die Risikoerhebung und Entscheidungsfindung im Normalfall nicht im Verantwortungsbereich einer einzelnen Person befinden. Neben der objektiven Risikowahrnehmung ist auch die subjektive entscheidend, zusammen bilden sie die Grundlage eines funktionierenden Risikomanagementsystems. Der gesamte Prozess der Risikoidentifikation ist unternehmens- und branchenspezifisch zu betrachten und hängt auch von der Risikoposition des Unternehmens ab.[119] Unter Risikoposition ist das Verhältnis zwischen den notwendigen, einzugehenden Risiken und den vorhandenen Risikodeckungspotenzialen zu verstehen.[120] Zur Sicherstellung einer hohen Ergebnisqualität der Risikoidentifikation ist zu gewährleisten, dass eine ständige Überprüfung und bei Notwendig eine schnelle Anpassung der Erfassungskriterien durchgeführt wird. Auf Grundlage der sehr komplexen, vielfältigen und nur eingeschränkten Strukturierbarkeit von Risiken, sind Instrumente und Methoden für eine systematische Erfassung der Risiken notwendig.

Es lässt sich in der Literatur eine große Anzahl an verschiedenen Methoden zur Risikoidentifikation finden. Schneck nimmt hier eine Unterteilung in Analyse- und Prognosetechniken neben technischen und organisatorischen Hilfsmittel vor. Analysen werden in diesem Zusammenhang genutzt, um Informationen zu erzeugen, die Grundlagendaten für Prognosen bilden und hauptsächlich auf bereits erfolgte Ereignisse angewendet werden. Prognosen dienen in diesem Prozess der Vorhersage, in welche Richtung sich Variablen in einem zeitlich und sachlich eingegrenzten Bereich unter gegebenen Bedingungen entwickeln werden. Eine Kombination beider Methoden wird als Frühwarnsystem bezeichnet.[121]

4.3.1 Frühwarnsysteme

Für eine zielgerichtete Unternehmenssteuerung sind das frühzeitige und systematische Sammeln und Verarbeiten von Informationen über die weitere Entwicklung des Unternehmens, die Unternehmensumwelt und die Einbeziehung von Frühwarnindikatoren unverzichtbar. Daher werden an Frühwarnsysteme spezielle Qualitäts- und Aktualitätsan-

---

[118] Ebenda.
[119] Vgl. ebenda.
[120] Vgl. Horsch, A.; Schulte, M.: Wertorientierte Banksteuerung 2, Frankfurt am Main (2002), S. 16.
[121] Vgl. Schneck, O.: Risikomanagement: Grundlagen, Instrumente, Fallbeispiele, Weinheim (2010), S. 116 ff.

forderungen gestellt, die sie erfüllen müssen. Qualitätsanforderungen setzen unmissverständliche „Ursache-Wirkungs-Beziehungen zwischen Zielgrößenentwicklung und Messwert"[122] voraus; Aktualitätsanforderungen stellen einen zeitlich ausreichenden Handlungsspielraum für Gegenmaßnahmen bis zum Risikoeintritt sicher. Auch die Forderung nach einem Frühwarnsystem wird durch das KonTraG konkretisiert.[123] Grundlage der Frühwarnsysteme bildet die Tatsache, dass zukünftige Risiken im Allgemeinen nicht unerwartet auftreten, sondern sich durch bestimmte Vorzeichen ankündigen. Dadurch wird ein zeitlicher Vorlauf für die Verantwortlichen im Unternehmen generiert, der es ermöglicht geeignete Maßnahmen zu treffen, die das Unternehmen auf diese Risiken vorbereiten.[124] Eine Einteilung von Frühwarnsystemen ist unter anderem in unternehmensexterne und unternehmensinterne Systeme möglich. Unternehmensexterne Frühwarnsysteme werden, wie die Bezeichnung bereits zu erkennen gibt, durch externe Parteien geschaffen und beruhen auf Unternehmensdaten wie z.B. Jahresabschlusszahlen.[125] Höhere Relevanz haben unternehmensinterne Frühwarnsysteme, die an die intern definierten „planbeeinflussenden Faktoren"[126] gebunden sind. Es lassen sich drei Generationen von Frühwarnsystemen unterscheiden, die auf dem Einsatz von Indikatoren beruhen.[127] Folgende Indi-

---

[122] Ebenda, S. 118.
[123] Vgl. ebenda.
[124] Vgl. Mensch, G.: Finanz-Controlling, Finanzplanung und -kontrolle, München (2008), S. 305.
[125] Vgl. Martin, T.A.; Bär, T.: Grundzüge des Risikomanagements nach KonTraG, München (2002), S. 110.
[126] Ebenda, S.111.
[127] Frühwarnsysteme der ersten Generation erfassen Abweichungen zumeist in einem periodischen Vergleich liquiditäts- und ertragsorientierter Kenngrößen, auch Soll-Ist-Analysen zu bestehenden Jahresplänen werden hierfür genutzt. Es handelt sich dabei um ein operatives System. Die Grundlage der operativen Frühwarnsysteme bildet sich aus einem sich zeitlich wiederholenden Vergleich der Unternehmenskennzahlen über Zahlungsfähigkeit und Erträge. Die Datenbasis dafür bildet Zahlenmaterial des internen und externen Rechnungswesens. Im Weiteren werden durch Soll-Ist-Vergleiche die aktuellen Budgets näher betrachtet. Wird ein fest definierter Grenzwert überschritten, werden Warnfunktionen ausgelöst. Die zweite Generation der Frühwarnsysteme stellt eine Erweiterung der ersten Generation dar. Es werden zusätzlich unternehmensexterne Bereiche in die Betrachtung einbezogen und etwaige Chancen aufgezeigt. Die ausschließliche Kennzahlenbetrachtung weicht einem Indikatoransatz, der durch die Verwendung von Frühwarnindikatoren eventuell vorhandene interne und externe gefährdende Veränderungen mit zeitlichem Vorlauf aufzeigt. Auch diese Generation zählt als operatives System.
Die zunehmenden Anforderungen an eine dynamische Unternehmensumwelt führten zur dritten Generation von Frühwarnsystemen. Diese erweiterte die vorhandenen Systeme um die Möglichkeit, Gegensteuerungsmaßnahmen auszulösen, also strategisch vorzugehen. Anpassungen und Planabänderungen können durch dieses System zeitiger erfolgen. Grundlage bildet der Ansatz von Ansoff mit dem Konzept der schwachen Signale. Nach diesem Konzept kündigen schwache Signale, z.B. vage Informationen, Strukturumbrüche im Vorfeld an. Anfangs nicht eindeutig zuordenbar, werden diese Anfangssignale durch weitere Signale aggregiert und ermöglichen es in einem gewissen Umfang Vorhersagen zu treffen, z.B. in Bezug auf die Veränderung von Grundeinstellungen der Menschen. Im Fokus steht hier das frühzeitige Erkennen strategisch wichtiger Risiken. Vgl. Schneck, O.: Risikomanagement: Grundlagen, Instrumente, Fallbeispiele, Weinheim (2010), S. 40.

katoren finden in diesen Systemen Berücksichtigung:

- absolute Indikatoren (z.B. Preise, Stückzahlen),
- Verhältnisindikatoren (z.B. Absatzzahlen),
- Indexindikatoren (z.B. EZB-Leitzins) und
- Benchmarkindikatoren (z.B. Vergleich des erreichten Ergebnisses mit den Unternehmenszielen).

Einen anderen Ansatz als die Indikatorenbetrachtung bietet der strategische 360° Radar. Mit dieser ungerichteten Methode wird das gesamte Unternehmensumfeld abgetastet, um strategisch relevante Signale zu erfassen, die auf Umweltveränderungen hinweisen könnten.[128] Die erfassten Signale werden zur Gewinnung weiterer Informationen mittels Monitorings analysiert und in einem weiteren Schritt hinsichtlich Ursache und Wirkung untersucht. Im Anschluss erfolgen die Beurteilung und eine Einstufung in ein Rangordnungssystem. Erst in einem letzten Schritt werden entsprechende Reaktionsstrategien entwickelt und umgesetzt.[129] Das rechtzeitige Erkennen von Risiken bietet den Verantwortlichen die Chance, Strategien zu entwerfen, mit denen den Risiken bereits effektiv im Vorfeld begegnet wird. Zu empfehlen ist die Risikoerhebung im Vorfeld auch, da in diesem Stadium der Aufwand und die Kosten gering ausfallen.[130] Für KMU bietet sich die Einführung von strategischen Frühwarnsystemen an. Die Voraussetzungen, die für den Einsatz eine solchen Systems notwendig sind, können auch durch Unternehmen des Mittelstandes realisiert werden.[131] Durch Verwendung eines strategischen Frühwarnsystems wird es dem KMU ermöglicht einen längeren Zeitraum zu betrachten und auch nicht festgelegte Gefährdungsbereiche abzudecken.[132] Bevor nun ausgewählte Instrumente der Risikoidentifikation näher erläutert werden, ist es notwendig eine klare Abgrenzung der Risiken zu treffen.

---

[128] Vgl. Schneck, O.: Risikomanagement: Grundlagen, Instrumente, Fallbeispiele, Weinheim (2010), S. 118 ff.
[129] Vgl. http://www.strategisches-online-marketing.de/strategisches%20online-marketing/bscrmii.html – am 27.09.2011.
[130] Vgl. Schneck, O.: Risikomanagement: Grundlagen, Instrumente, Fallbeispiele, Weinheim (2010), S. 121.
[131] Vgl. Herman, D.C.: Strategisches Risikomanagement kleiner und mittlerer Unternehmen, Berlin (1996), S. 253.
[132] Vgl. Martin, T.A.; Bär, T.: Grundzüge des Risikomanagements nach KonTraG, München (2002), S. 116.

4.3.2 Typologie von Risiken

Es existieren zahlreiche Ansätze für eine Systematisierung von Risiken. Für diese Arbeit wurde eine Gliederung der Risiken im Kontext ihrer Verlustquelle gewählt, da diese die größte Relevanz für KMU haben. Eine Unterteilung erfolgt in finanzwirtschaftliche und leistungswirtschaftliche Risiken, außerhalb dieser Einordnung werden zusätzlich strategische Risiken und Risiken aus Corporate Governance erläutert, da auch diese Risiken für KMU und für diese Abhandlung von Bedeutung sind.

Finanzwirtschaftliche Risiken

Finanzwirtschaftliche Risiken sind das Resultat aus der Finanzierungstätigkeit von Unternehmen und beeinflussen direkt die Unternehmenskennzahlen. Sie definieren sich durch mögliche Verluste, Zahlungsausfälle oder durch eine ungünstige Wertentwicklung von Finanzgrößen. Eine Unterteilung der finanzwirtschaftlichen Risiken erfolgt in Kredit-, Marktpreis- und Liquiditätsrisiken.

- Kreditrisiken werden in Ausfallrisiken und Länderrisiken unterschieden.
    - Ausfallrisiken beinhalten die Gefahr des vollständigen oder teilweisen Verlusts von Zins- und Tilgungsleistungen. Betroffen sein können ebenfalls Aktivapositionen durch Insolvenzen (z.B. Ausfall von Forderungen aus Lieferungen und Leistungen).
    - Das Länderrisiko[133] ergibt sich aus der Unsicherheit über die „politischen, wirtschaftlichen und sozialen Verhältnisse"[134] anderer Staaten, welche die Einforderung offener Forderungen von ausländischen Geschäftspartnern bedrohen können. Ist z.B. die Zahlungsfähigkeit eines anderen Landes schlechter als die eines Geschäftspartners aus dem gleichen Land, so wird dies mit einer höheren Risikoprämie oder einem Bonitätsabschlag abgesichert.

---

[133] Vgl. Schneck, O.: Risikomanagement: Grundlagen, Instrumente, Fallbeispiele, Weinheim (2010), S. 59 ff.
[134] Ebenda, S. 61.

- Marktpreisrisiken ergeben sich aus Marktpreisschwankungen, die zu finanziellen Verlusten führen können. Zwei wichtige Risiken aus diesem Bereich sind das Zinsänderungsrisiko und das Währungsrisiko.
  - Zinsänderungsrisiken begründen sich durch Schwankungen an den Finanzmärkten, die dazu führen, dass Zinssätze steigen oder fallen. Sie werden auch als Differenz zwischen dem erwarteten und den bestehenden Zinssätzen definiert. Für Unternehmen sind es die wichtigsten Marktpreisrisiken,[135] da sie sich durch die „starke Fremdkapitalabhängigkeit vieler Unternehmen"[136] auch in den Unternehmenskennzahlen wie z.B. der Bilanz und der Gewinn-und-Verlust-Rechnung bemerkbar machen. Zinsänderungen beeinflussen zudem das Unternehmensumfeld, unter anderem in der Bereitschaft der Konsumenten, Geld auszugeben, der Preisgestaltung im Einkauf/Verkauf und der Investitionsbereitschaft.
  - Währungsrisiken und ihre wirtschaftlichen Auswirkungen stehen insbesondere für export- bzw. importabhängige Unternehmen im Fokus.[137] „[Sie werden als] negative Abweichung einer finanziellen Unternehmenszielgröße aufgrund unsicherer zukünftiger Entwicklung der Wechselkurse [definiert]."[138] Währungsrisiken resultieren im Allgemeinen aus einer nicht ausbalancierten wirtschaftlichen Entwicklung einer Volkswirtschaft. Sie lassen sich in drei Kategorien einteilen: das Translationsrisiko, das Transaktionsrisiko und das ökonomische Wechselkursrisiko.[139]
- „[Liquiditätsrisiken definieren sich als] Gefahr, aufgrund eines Liquiditätsengpasses Zahlungsverpflichtungen nicht termingerecht nachkommen zu können."[140] Unterschieden werden sie in aktivische und passivische Liquiditätsrisiken, abhängig davon, welche Seite sie in der Unternehmensbilanz betreffen. Als Folgen nicht ter-

---

[135] Vgl. ebenda.
[136] Gleißner, W.: Grundlagen des Risikomanagements im Unternehmen, München (2011), S. 99.
[137] Vgl. ebenda.
[138] Schneck, O.: Risikomanagement: Grundlagen, Instrumente, Fallbeispiele, Weinheim (2010), S. 64.
[139] Translationsrisiken ergeben sich aus Währungsumrechnungen im Unternehmensabschluss. Aus effektiven Zahlungstransaktionen mit zwei Währungen ergibt sich das Transaktionsrisiko als Wechselkursdifferenz zwischen Ein- und Auszahlungen zum gleichen Zeitpunkt. Durch Wechselkursänderungen ist das schwer kalkulierbare ökonomische Wechselkursrisiko gekennzeichnet. Vgl. Schneck, O.: Risikomanagement: Grundlagen, Instrumente, Fallbeispiele, Weinheim (2010), S. 64 ff.
[140] Ebenda, S. 66.

mingerechter Zahlungen an Gläubiger können Mahngebühren, Gerichtskosten oder die Insolvenz für das Unternehmen drohen.[141] Um die Existenzsicherung der Unternehmen zu gewährleisten, ist somit die Sicherung der Liquidität mit höchster Priorität zu verfolgen.[142]

Risiken im leistungswirtschaftlichen Bereich

Im Rahmen des betrieblichen Leistungserstellungs- und Leistungsveräußerungsprozesses entstehen leistungswirtschaftliche Risiken. Sie haben Einfluss auf Funktionsbereiche im ganzen Unternehmen. Enge Verbindungen existieren zu finanzwirtschaftlichen und Liquiditätsrisiken. Eine Abgrenzung erfolgt zwischen internen und externen Betriebsrisiken, Absatz- und Beschaffungsrisiken.

- Interne Betriebsrisiken haben ihren Ursprung im Unternehmen selbst,[143] „d.h. in den Personen, Prozessen und Systemen, auf denen der Geschäftsbetrieb basiert."[144] Im Allgemeinen sind interne Betriebsrisiken unmittelbar steuerbar, da sie aus unternehmerischen Handlungen und Entscheidungen resultieren. Zu ihnen zählen Personalrisiken, IT-Risiken und Prozessrisiken.[145]
    - Personalrisiken sind Risiken, die durch das Personal oder das Personalmanagement verursacht werden. Unzureichende fachliche Qualifikationen und mangelnde Motivation, aber auch Personalfluktuationen und ein schlechter Führungsstil können dafür verantwortlich sein.[146]
    - IT-Risiken betreffen Verluste, resultierend aus der Verfügbarkeit von IT-Anlagen, Daten und Anwendungsprogrammen. Mangelhafte Systempflege bzw. fehlerhafte Systeme an sich, eine nicht ausreichende Sicherung der Daten und Defizite in der Notfallplanung sind typische Verlustgefahren in diesem Bereich.
    - Prozessrisiken werden durch Funktionsstörungen im Betriebsablauf, Mängel in der Organisation (Ablauf- oder Aufbauorganisation) und in den Geschäftsprozessen verursacht.

---

[141] Vgl. ebenda.
[142] Vgl. Schröer, C.: Risikomanagement in KMU: Grundlagen, Instrumente, Nutzen, Saarbrücken (2007), S. 57.
[143] Vgl. Schneck, O.: Risikomanagement: Grundlagen, Instrumente, Fallbeispiele, Weinheim (2010), S. 68.
[144] Ebenda.
[145] Vgl. Schneck, O.: Risikomanagement: Grundlagen, Instrumente, Fallbeispiele, Weinheim (2010), S. 69.
[146] Vgl. Neugebauer, M.: Grundlagen des Risikomanagements und Risikocontrollings, Norderstedt (2008), Seite 10.

- Externe Betriebsrisiken beeinflussen die Unternehmensumwelt von außen. Sie sind schwer steuerbar und werden grundlegend in Rechts- und Naturrisiken eingeordnet.
  - Der Einfluss des Staates durch Gesetze und Vorschriften und deren Relevanz für das Unternehmen wird als rechtliches Risiko bezeichnet. Auch Zahlungsverpflichtungen aus Bußgeldern, Geldstrafen oder vertraglichen Schadensersatzansprüchen zählen hierzu.
  - Naturrisiken umfassen die Gefahren aus ökologischen Risiken und vor allem aus den damit verbundenen möglichen Schäden (z.B. Unwetter, Überschwemmungen). Das wichtigste Instrument zur Steuerung von Naturrisiken sind Versicherungen,[147] daneben können technische Sicherungsvorrichtungen zum Einsatz kommen (z.B. Wetterfrühwarnsysteme).[148]
- Absatz- und Beschaffungsrisiken.
  - Beschaffungsrisiken umfassen „alle Verlustgefahren, die bei der Bereitstellung der Produktionsfaktoren bzw. bis [zu ihrem] Einsatz in der Produktion"[149] auftreten können. Dieses Risiko ist im besonderen Maße, je nach den für die Produktion erforderlichen Gütern, branchen- und unternehmensabhängig. Es kann im Weiteren in Bedarfsdeckungsrisiko, Transportrisiko, Lagerrisiko, Lieferrisiko und Güterpreisrisiko[150] unterschieden werden.
  - Absatzrisiken befassen sich mit Verlustgefahren, die sich nach der Fertigung von Erzeugnissen „hinsichtlich absatzseitiger Bezugsgrößen"[151] ergeben. Betroffen sind Kennzahlen wie Umsatz und Vertriebskosten, aber auch Differenzen in leistungswirtschaftlichen Kennzahlen wie z.B.[152] „Qualität,

---

[147] Vgl. Schneck, O.: Risikomanagement: Grundlagen, Instrumente, Fallbeispiele, Weinheim (2010), S. 71 ff.
[148] Vgl. Wolke, T.: Risikomanagement, München (2008), S. 213.
[149] Götz, U.; Henselmann, K.; Mikus, B.: Risikomanagement, Heidelberg (2001), S. 214.
[150] Das Bedarfsdeckungsrisiko umfasst Verluste aus der nicht ausreichenden Verfügbarkeit von Produkten. Transportrisiken behandeln Risiken, wie Verlust oder Beschädigung, welche während des Transports von Produkten entstehen können; die Gefahr des Verlusts oder der Beschädigung von Gütern während der Lagerung wird dagegen als Lagerrisiko definiert. Durch den möglichen Ausfall bzw. eine mangelhafte Lieferung werden Lieferrisiken begründet, und durch negative Abweichungen bei der Entwicklung der Rohstoff- und Warenpreise das Beschaffungsrisiko. Vgl. Schneck, O.: Risikomanagement: Grundlagen, Instrumente, Fallbeispiele, Weinheim (2010), S. 77.
[151] http://www.tcw.de/uploads/html/publikationen/standpunkte/files/Artikel_28_Management.pdf, S. 2 – am 31.10.2011.
[152] Vgl. ebenda.

Menge und Zeit"[153] bezogen auf abzusetzende und abgesetzte Produkte. Eine weiterführende Aufteilung der Absatzrisiken in Lagerrisiko, Transportrisiko, Erfüllungsrisiko und Abnahmerisiko ist gebräuchlich.[154]

Risiken aus Corporate Governance

Ein erfolgreiches Unternehmen basiert auf einer strukturierten und transparenten Aufbau- und Ablauforganisation.[155] Die hierfür erforderlichen Risiken, die aus der „Unternehmensstruktur, -überwachung und -kultur"[156] hervorgehen, werden als Risiken aus Corporate Governance bezeichnet. Geläufige Beispiele hierfür sind eine nicht ordnungsgemäße Überwachung der Unternehmensleitung (die Gefahr von Fehlentscheidungen erhöht sich), ein schlechtes Betriebsklima, das sich negativ auf die Motivation der Mitarbeiter auswirkt (das Leistungsvermögen der Mitarbeiter leidet darunter), ein nicht ausreichendes Entlohnungs- bzw. Anreizsystem (Gefahr der Abwanderung von Fachkräften) wie auch Diebstahl und Betrug durch Angehörige des Unternehmens.[157]

Strategische Risiken

Strategische Risiken werden als Risiken definiert, welche die Ergebniserreichung des Unternehmens aufgrund einer unzureichenden Ausrichtung auf Veränderungen innerhalb relevanter Geschäftsumfelder negativ beeinflussen.[158] Weitere Merkmale sind ein Wirkungszeitraum über längere Zeit sowie Zielgrößen, die nur eingeschränkt operationalisiert werden können. Durch strategische Risiken betroffene Gefährdungsbereiche sind durch die Gefährdung der Erfolgspotenziale gleichbedeutend mit den jeweiligen Erfolgsfaktoren der Unternehmen.[159]

---

[153] Ebenda.
[154] Das Lagerrisiko umfasst mögliche Verluste, die durch Beschädigung oder Komplettverlust von Gütern *im Verkaufslager* entstehen, das Transportrisiko bezieht sich auf mögliche Verluste bei dem Transport der Güter *zum Kunden*. In das Erfüllungsrisiko gehen Risiken ein, die aus den Verlusten durch nicht gelieferte oder produzierte, vertraglich zugesicherte Güter entstehen können. Das Gegenteil davon ist das Abnahmerisiko, hier werden die vertraglichen Verpflichtungen der Abnahme oder der Bezahlung der Güter durch den Kunden nicht erfüllt. Vgl. Schneck, O.: Risikomanagement: Grundlagen, Instrumente, Fallbeispiele, Weinheim (2010), S. 79.
[155] Vgl. Adler, P.: Betriebliche Versicherungen als Teil des Risikomanagementprozesses im Unternehmen, Hamburg (2011), S. 48.
[156] Martin, T.A.; Bär, T.: Grundzüge des Risikomanagements nach KonTraG, München (2002), S. 79
[157] Vgl. ebenda, S. 80.
[158] Vgl.: http://www.mvv-investor.de/geschaeftsbericht_2005/de/konzernlagebericht/risikobericht/strategische-risiken/index.html – am 31.10.2011.
[159] Vgl. Martin, T.A.; Bär, T.: Grundzüge des Risikomanagements nach KonTraG, München (2002), S. 75 ff.

Beispielhaft aufzuführen sind:

- „Marktentwicklung (z.B. das Erscheinen neuer Wettbewerbsprodukte),
- Finanzstrukturen (z.B. eingeschränkte Möglichkeiten der Kapitalbeschaffung),
- Produkt- und Dienstleistungsqualität,
- Technologisches Know-how und Innovationskraft (z.B. zu lange Entwicklungszeiten),
- Managementqualität (z.B. fehlender Führungsnachwuchs),
- Geschäftsfeldstrategie (z.B. keine Diversifikation),
- Kostenvorteile (z.B. zu hohe Kosten für die Entwicklung neuer Produkte),
- Kundenorientierung,
- Problemlösungskompetenz,
- Lernfähigkeit der Organisation und
- Kooperationen/Zusammenschlüsse (z.B. ausbleibende Synergieeffekte bei einer Fusion)."[160]

4.3.3 Instrumente der Risikoidentifikation

Die beiden vorangegangenen Kapitel setzten sich mit den Grundlagen der Risikoidentifikation und den verschiedenen Stufen von Frühwarnsystemen auseinander. Nun werden relativ einfach zu handhabende Instrumente der Risikoidentifikation beschrieben, welche sich für einen Einsatz in den Unternehmen des Mittelstandes eignen.

Allgemein ist eine Unterscheidung in kreativ-intuitive und analytisch-strukturierte Instrumente möglich (siehe auch Tabelle 3). Abweichend von dieser Einteilung ist die ebenfalls geläufige Einstufung der Instrumente zur Risikoerkennung nach Martin/Bär in Anhang 2 hinterlegt. Der Einsatz von kreativ-intuitiven Methoden ist in der Praxis weit verbreitet, in ausgereifteren Risikomanagementsystemen ist aber auch der Einsatz von analytisch-strukturierten Methoden anzuraten. Im Weiteren kann zwischen qualitativen und quantitativen Instrumenten[161] sowie zwischen Top-down- und Bottom-up-Methoden unterschieden werden. Die Methoden unterscheiden sich wie folgt: Bei Top-down-Methoden

---
[160] Ebenda.
[161] Vgl. Böger, M.; Kersten, W.: Gestaltungsgrundsätze und Determinanten des Supply Chain Risk Management, Köln (2010), S. 118.

stehen die Auswirkungen von Risiken im Vordergrund, während bei Bottom-up-Methoden eine Folgebewertung für das Unternehmen auf Grundlage der Ursache vorgenommen wird. Der Vorteil von Top-down-Methoden liegt in ihrer schnellen, einfachen und kostengünstigen Anwendbarkeit, dabei liefern sie jedoch weniger Erkenntnisse als die Bottom-up-Methoden. Bottom-up-Methoden sind durch einen höheren Aufwand durch genaue Analysen der Prozesse und Wechselwirkungen gekennzeichnet.[162]

Tabelle 3: Einfache Techniken der Risikoidentifikation in Anlehnung an Fischer, A.M.: Risikomanagement in mittelständischen Unternehmen, Zürich (2008), S. 8

Risikoidentifikation	
kreativ-intuitive Techniken	**analytisch-strukturierte Techniken**
Brainstorming	Checklisten
Brainwriting	FMEA
Delphi-Methode	Flow-Chart Analyse
Interviews	Entscheidungsbaumanalyse
	Netzplantechnik
	Ursachen-Wirkungs-Diagramm
...	...

Risikochecklisten

Bei Risikochecklisten handelt es sich um standardisierte Fragebögen. Sie enthalten offene oder geschlossene Fragen und dienen der systematischen Erfassung von Risiken.[163] Im Besonderen eignen sie sich zur Erfassung offensichtlicher Risiken und etwaiger Risikoquellen. Einzelne Geschäftsbereiche können mit Hilfe der Checklisten systematisch auf Fehl-

---

[162] Vgl. Kühnel, R.: Risikomanagementsysteme in kleinen und mittelständischen Unternehmen mit strategischen Controllinginstrumenten, Norderstedt (2009), S. 25 ff.
[163] Vgl. Gleißner, W.: Grundlagen des Risikomanagements im Unternehmen, Controlling, Unternehmensstrategie und wertorientiertes Management, München (2011), S. 68.

entwicklungen untersucht werden.[164] Die Informationen, die mit Hilfe der Risikochecklisten gewonnen werden, bilden die Grundlagen zum sicheren Umgang mit Risiken.[165] Mit Hilfe von Checklisten soll ein möglichst homogenes, flexibles und individuell auf das Unternehmen angepasstes Analyseraster erzeugt werden. Dieses Analyseraster ermöglicht es, die Grundlagen für Entscheidungen in operativen und strategischen Unternehmensbereichen bereitzustellen. Risikochecklisten eignen sich überwiegend für die dauerhafte Aufnahme und das Vervollständigen von Risiken. Das definierte Analyseraster muss in regelmäßigen Zeitabschnitten auf Aktualität und Angemessenheit geprüft werden und ist im Sinne der Nachhaltigkeit regelmäßig an die aktuellen Gegebenheiten anzupassen. Auf den ersten Blick dienen Checklisten der Aufnahme qualitativer Werte, in einem zweiten Arbeitsschritt können diese durch numerische oder durch nominale Skalierungen bewertet werden, auch der Einsatz von Gewichtungsfaktoren ist möglich.[166] Checklisten müssen für jedes Unternehmen angepasst und optimiert werden.[167] In der Praxis werden Checklisten zumeist an die verschiedenen Organisationseinheiten verteilt und für Einzelbefragungen oder für Risikoworkshops genutzt. Ein möglicher Nachteil ihrer Verwendung ist die Fixierung auf feste Bereiche, dadurch besteht die Möglichkeit, dass Risiken in anderen Bereichen nicht mit erfasst werden. Diese Gefahr besteht speziell dann, wenn neue, noch nicht durch Checklisten abgedeckte Risikobereiche entstehen.[168] Abbildung 5 zeigt beispielhaft den Aufbau einer Risikocheckliste.

---

[164] Vgl. Schneck, O.: Risikomanagement: Grundlagen, Instrumente, Fallbeispiele, Weinheim (2010), S. 122.
[165] Vgl. Meier, P.: Risikomanagement in Technologieunternehmen, Weinheim (2005), S. 93.
[166] Vgl. Schneck, O.: Risikomanagement: Grundlagen, Instrumente, Fallbeispiele, Weinheim (2010), S. 122.
[167] Vgl. Meier, P.: Risikomanagement in Technologieunternehmen, Weinheim (2005), S. 93.
[168] Vgl. Gleißner, W.: Grundlagen des Risikomanagements im Unternehmen, Controlling, Unternehmensstrategie und wertorientiertes Management, München (2011), S. 69.

Produktbezogener Marketingbericht		
Frage	Bewertung	Chancen/Risiken
Wird Produktforschung betrieben?	▪ Ja, regelmäßig ▪ Ja, gelegentlich ▪ Nein	Mangelnde Produktvariationen und Produktinnovationen können zu Kundenverlusten führen.
Wird das Sortiment regelmäßig geprüft?	▪ Ja, regelmäßig ▪ Ja, gelegentlich ▪ Nein	Ein großes Sortiment kann zu einer kostenintensiven Lagerung führen und ebenfalls kostenungünstige Kleinaufträge provozieren. Standardprodukte sind besser absetzbar als Spezialprodukte. Ein kleines Sortiment kann zu Kundenverlusten führen.
Wie ist die Produktqualität im Vergleich zu den wichtigsten Konkurrenten zu beurteilen?	▪ Wesentlich höher ▪ Etwas höher ▪ Gleich ▪ Wesentlich geringer ▪ Etwas geringer	Eine geringe Produktivität kann zu Kundenverlusten führen und lässt sich ggf. durch erhöhten Werbeaufwand kompensieren.
Haben in den letzten Jahren Änderungen der Produktgestaltung stattgefunden?	▪ Ja, regelmäßig ▪ Ja, gelegentlich ▪ Nein	Zu späte Anpassung an Kundenwünsche ist mit erhöhten Kosten verbunden und kann zu Kundenverlusten führen.
Wie ist die Altersstruktur der Produkte zu beurteilen, in welcher Produktlebenszyklus-phase befinden sich die Hauptprodukte?	▪ Einführungsphase ▪ Wachstumsphase ▪ Reifephase ▪ Sättigungsphase ▪ Rückgangsphase	Auf ausgeglichenes Portfolio achten. Bei Überwiegen von Produkten in der Sättigungsphase drohen Ertragsrisiken.
Wie sind die Preise im Vergleich mit den wichtigsten Konkurrenten zu beurteilen?	▪ Wesentlich höher ▪ Etwas höher ▪ Gleich ▪ Wesentlich geringer ▪ Etwas geringer	Bei höheren Preisen und Nachfragerückgang Kostensenkungspotenziale ermitteln. Auf Korrelation der Preise mit der Qualität achten.
Wird Lager- oder Kundenfertigung betrieben?	▪ Überwiegend Lagerfertigung ▪ Annähernd ausgeglichen ▪ Überwiegend Kundenfertigung	Lagerfertigung verursacht höhere Kosten und erhöht das Absatzrisiko. Kundenfertigung kann Kapazitätsprobleme verursachen und das Ausfallrisiko erhöhen.

Abbildung 5: Auszug aus einer produktbezogenen Checkliste in Anlehnung an Schneck, O.: Risikomanagement: Grundlagen, Instrumente, Fallbeispiele Weinheim (2010) S. 123

Entscheidungsbaumanalyse

Die Entscheidungsbaumanalyse empfiehlt sich bei geringer Markt- und großer Projektunsicherheit. Sie ermöglicht die Analyse mehrstufiger, variabler Entscheidungslagen. Ziel ist es, bereits bei Planungsbeginn einen Entwicklungsweg vorherzusagen. Um dies zu ermöglichen, werden Entscheidungen in der Gegenwart mit den zeitlichen Folgen dokumentiert und analysiert.[169] Die Entscheidungsbaumanalyse lässt sich unter den Top-down-Analyseformen einordnen. Als Ausgangspunkt nimmt sie nicht einzelne Systemkomponenten, sondern das gestörte Gesamtsystem. Zu Beginn wird das Gesamtsystem genau beschrieben, im weiteren Verlauf wird untersucht, welche Faktoren eine Störung des gesamten Systems verursachen bzw. dazu beisteuern können. Danach werden die zweitrangigen Störungsursachen weiter aufgesplittet, bis der Punkt erreicht ist, an dem keine weitere Aufgliederung der Störungen mehr möglich oder sinnvoll ist.[170] Auf Grundlage der Entscheidungsbaumanalyse können ideale Verfahrensweisen im Kontext der flexiblen Planung bestimmt werden. Das Gesamtproblem wird zu diesem Zweck in Teilprobleme gegliedert, die der Reihenfolge nach zu lösen sind. Am Ende wird die Möglichkeit mit dem höchsten Erwartungswert im Zeitkriterium gewählt.[171]

Ein Entscheidungsbaum besteht aus Knoten, die mit E und Z bezeichnet werden, und Kanten, gekennzeichnet durch e und z.[172] Nach der Entscheidungssituation eines Unternehmens wird zwischen Entscheidungsknoten E, die Entscheidungen markieren, Zufallsknoten Z für Zufallsereignisse und dem Ergebnisknoten R unterschieden.[173] Das Vorhandensein eines Ergebnisses in Verbindung mit einer Entscheidungsalternative wird durch R/E dargestellt.[174] Verbunden werden die einzelnen Knoten durch Verbindungslinien.[175] Die Ereignisse mit ihren Eintrittswahrscheinlichkeiten sind zu dokumentieren, um die Ermittlung einer optimalen Lösungsstrategie sicherzustellen.[176]

---

[169] Vgl. Schneck, O.: Risikomanagement: Grundlagen, Instrumente, Fallbeispiele, Weinheim (2010), S. 173.
[170] Vgl. Gleißner, W.: Grundlagen des Risikomanagements im Unternehmen, Controlling, Unternehmensstrategie und wertorientiertes Management, München (2011), S. 67.
[171] Vgl. Jung, H.: Controlling, München (2007), S. 137.
[172] Vgl. Schneck, O.: Risikomanagement: Grundlagen, Instrumente, Fallbeispiele, Weinheim (2010), S. 173.
[173] Vgl. Gleißner, W.: Grundlagen des Risikomanagements im Unternehmen, Controlling, Unternehmensstrategie und wertorientiertes Management, München (2011), S. 67.
[174] Vgl. Schneck, O.: Risikomanagement: Grundlagen, Instrumente, Fallbeispiele, Weinheim (2010), S. 173.
[175] Vgl. Gleißner, W.: Grundlagen des Risikomanagements im Unternehmen, Controlling, Unternehmensstrategie und wertorientiertes Management, München (2011), S. 67.
[176] Vgl. Schneck, O.: Risikomanagement: Grundlagen, Instrumente, Fallbeispiele, Weinheim (2010), S. 173.

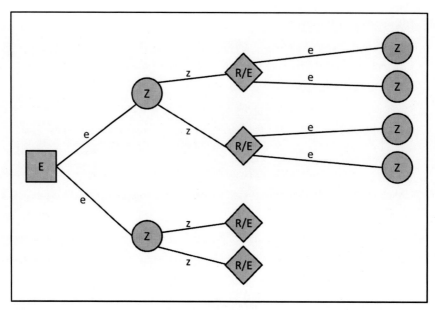

Abbildung 6: Entscheidungsbaum in Anlehnung an Gleißner, W.: Grundlagen des Risikomanagements im Unternehmen, (2011) München, S. 67

FMEA (Fehler-Möglichkeits- und Einflussanalyse)

Die Fehler-Möglichkeits- und Einflussanalyse wird in Fachbüchern als „systematische, halbquantitative oder quantitative Risikoanalysemethode"[177] definiert. Hervorgegangen ist sie aus der Schwachstellenuntersuchung von Flugzeugen. Das frühzeitige Erkennen und das Verhindern möglicher Fehlern bilden das Grundkonzept der FMEA.[178] Es sollen möglichst alle Fehlerquellen aufgedeckt werden, um diese im Anschluss zu bewerten und soweit möglich zu entfernen. Eine unzureichend durchgeführte FMEA ist daran zu erkennen, dass für eine mögliche Fehlerquelle nur eine Ursache gleichgesetzt ist. Jede Fehlerquelle hat verschiedene mögliche Ursachen die herausgefunden und dokumentiert werden müssen.[179] Es lassen sich drei Arten von FMEA unterscheiden:

---

[177] Gleißner, W.: Grundlagen des Risikomanagements im Unternehmen, Controlling, Unternehmensstrategie und wertorientiertes Management, München (2011), S. 66.
[178] Vgl. Gleißner, W.: Grundlagen des Risikomanagements im Unternehmen, Controlling, Unternehmensstrategie und wertorientiertes Management, München (2011), S. 66.
[179] Vgl. Brunner, F.J.; Wagner K.W.: Taschenbuch Qualitätsmanagement, München (2008), S. 126.

- Die System-FMEA bezieht sich auf einzelne Elemente des Gesamtsystems und ihren Beitrag am Gesamtrisiko.
- Die Konstruktions-FMEA legt den Fokus während der Produktentwicklungsphase auf die fehlerfreien Funktionen der Produktelemente.
- Die Prozess-FMEA konzentriert sich auf den Prozess der Herstellung.

Die Vorgehensweise in der FMEA gliedert sich wie folgt: Als Erstes wird das Unternehmen als intaktes System ohne Störungen definiert und abgegrenzt. Danach erfolgt die Aufteilung des Gesamtsystems in die verschiedenen Funktionsbereiche. Im vorletzten Schritt wird nach möglichen Störungszuständen der verschiedenen Elemente und nach systemübergreifenden Störungen gesucht, um im Abschluss die Konsequenzen auf das Gesamtsystem zu bewerten. Während der Analyse werden Arbeitsblätter genutzt, welche die bedrohten Elemente und eine Risikobewertung bezogen auf die mögliche Eintrittswahrscheinlichkeit und die Schadenshöhe enthalten. Nachteilig wirken sich bei der FMEA gegenseitige Abhängigkeiten zwischen den Systemelementen aus, die unzureichend untersucht werden. Neuentwicklungen im Bereich der FMEA versprechen Abhilfe in diesem Bereich. Eine spezifische Ursache-Wirkungs-Beziehung ist durch die System-FMEA darstellbar, welche Produkt und Prozess kombiniert.[180] Solche Analysen bieten sich an, kontinuierlich in Anwesenheit aller Abteilungsleiter in KMU durchgeführt zu werden. Als Nebeneffekt wird die unternehmensweite Risikokultur gefördert.[181]

Szenariotechnik

Die Szenariotechnik dient der Prognose der Gesamtrisikoposition innerhalb der Phase der Risikoidentifikation.[182] Zu diesem Zweck beschäftigt sie sich mit der Unsicherheit der Zukunft. In diesem Zusammenhang werden verschiedene Szenarien für einen Untersuchungsbereich aufgebaut.[183] Das Hauptziel ist die Vorhersage möglicher verschiedener Zukunftszustände auf Grundlage von Daten aus der Vergangenheit und Gegenwart. Auf diese Weise werden unterschiedliche Richtungen der zukünftigen Entwicklung, darunter auch mögliche Ereignisse mit negativen Effekten (Störereignisse), aufgezeigt. Die Vorgehensweise wird durch den sogenannten Szenariotrichter in nachfolgender Abbildung 7

---

[180] Vgl. Gleißner, W.: Grundlagen des Risikomanagements im Unternehmen, Controlling, Unternehmensstrategie und wertorientiertes Management, München (2011), S. 67.
[181] Vgl. Schröer, C.: Risikomanagement in KMU: Grundlagen, Instrumente, Nutzen, Saarbrücken (2007), S. 64.
[182] Vgl. Schneck, O.: Risikomanagement: Grundlagen, Instrumente, Fallbeispiele, Weinheim (2010), S. 125.
[183] Vgl. Götz, U.; Henselmann, K.; Mikus, B.: Risikomanagement, Heidelberg (2001), S. 395.

verdeutlicht.

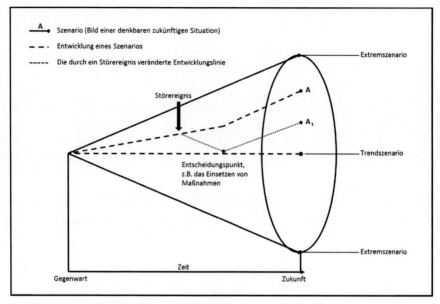

Abbildung 7: Modell zur Darstellung von Szenarien in Anlehnung an Schneck, O.: Risikomanagement: Grundlagen, Instrumente, Fallbeispiele, Weinheim (2010), S. 127

Bei der Anwendung im betrieblichen Alltag werden nicht alle möglichen Szenarien untersucht, sondern maximal drei. Dabei handelt es sich um zwei Expertenszenarien für den besten und den schlechtesten Fall und ein Trendszenario für den Normalfall. Das Spektrum möglicher Entwicklungen legen die beiden ersten Szenarien fest und zeigen damit die beste und die schlechteste Entwicklungsrichtung auf. Ihre Realisierung ist unwahrscheinlich, aber nicht ausgeschlossen. Das Trendszenario zeigt den Zukunftszustand, der unter gleichbleibenden Umweltbedingungen zu erwarten ist. Nach Schneck umfasst eine Anwendung der Szenariotechnik acht Arbeitsschritte:

1. Als Erstes wird der Bereich bestimmt, der untersucht werden soll, im Normalfall handelt es sich dabei um einen bestimmten Unternehmensbereich.
2. In einem zweiten Schritt erfolgt eine systematische Situationsanalyse der momentanen Gegebenheiten, dazu gehört auch die Identifikation äußerer Faktoren, die sich auf den zu untersuchenden Bereich auswirken.
3. Den Anschluss bildet eine Projektion möglicher Entwicklungsrichtungen der Basisfaktoren unter der Einbeziehung wertneutraler Kenngrößen.

4. Mögliche alternative Entwicklungen der im dritten Schritt verwendeten Kenngrößen werden miteinander in Beziehung gesetzt und bewertet.
5. Durch die Szenariointerpretation sind Umfeldszenarien auszuformen, zu interpretieren und in die Zukunft zu übertragen.
6. Das Herleiten und Analysieren der Chancen und Risiken folgt als sechster Schritt.
7. Es folgen die Erfassung, Bewertung und Einbeziehung möglicher Störereignisse.
8. Den Abschluss bilden die Verarbeitung und die Einarbeitung der gewonnenen Ergebnisse in die Unternehmensstrategien.[184] So wird zum einen sichergestellt, dass keine relevanten Risiken verkannt werden, und es werden Anregungen geschaffen,[185] „auch risikopolitische Maßnahmen in die Strategieformulierung"[186] einzubeziehen.

Wichtige Einflussfaktoren, Zusammenhänge und Abhängigkeiten zu erkennen und zu definieren, ist also das Herzstück der Szenariotechnik. Um die Qualität und Aktualität bestehender Szenarien und somit die Identifikation neuer Risiken sicherzustellen, sind die kontinuierliche Weiterführung und eine Prüfung auf ihre Gültigkeit notwendig. Durch die ausdrückliche Integration der Unsicherheit bietet sich die Szenariotechnik auch als eine Methode zur Sicherung des weiteren Unternehmensbestandes an.[187] Ein Beispiel für eine Szenariotechnik in acht Schritten ist in Abbildung 8 dargestellt.

---

[184] Vgl. Schneck, O.: Risikomanagement: Grundlagen, Instrumente, Fallbeispiele, Weinheim (2010), S. 126 ff.
[185] Vgl. Götz, U.; Henselmann, K.; Mikus, B.: Risikomanagement, Heidelberg (2001), S. 399.
[186] Ebenda.
[187] Vgl. ebenda, S. 397.

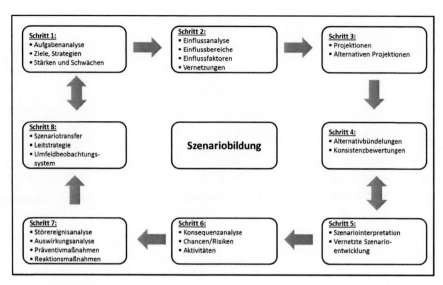

Abbildung 8: Vorgehensweise bei der Szenariobildung in Anlehnung an Reibnitz, U. aus: Risikomanagement von Schneck, O., Weinheim (2010), S. 127

Brainstorming

Mit dem Brainstorming wird das Ziel verfolgt, eine uneingeschränkte Aufzählung der verschiedensten Risiken als spontane Aussagen innerhalb einer moderierten Gruppe zu erreichen. Es wird bewusst auf eine methodische bzw. systematische Vorgehensweise verzichtet. Die Strukturierung, Sortierung und Bewertung erfolgen erst im Anschluss nach der vollständigen Erfassung. Eine Kombination mit anderen Methoden wird in der Literatur empfohlen.[188] Der Vorteil des Brainstormings liegt in der schnellen Ideensammlung bei geringem Zeitaufwand und niedrigen Kosten.[189]

Brainwriting

Brainwriting ist dem Brainstorming sehr ähnlich und dient ebenfalls als Ideensuch- und Kreativtechnik. Es eignet sich besonders für einfach strukturierte Problemlösungen während einer Untersuchung. Die gesammelten Daten können anhand verschiedener Bewer-

---

[188] Vgl. Gleißner, W.: Grundlagen des Risikomanagements im Unternehmen, Controlling, Unternehmensstrategie und wertorientiertes Management, München (2011), S. 68.
[189] Vgl. Schröer, C.: Risikomanagement in KMU: Grundlagen, Instrumente, Nutzen, Saarbrücken (2007), S. 65.

tungsverfahren aufbereitet werden.[190] Während des Brainwritings werden die Teilnehmer in Sechsergruppen eingeteilt. Den Teilnehmern werden Problemstellungen vorgelegt, zu denen sie innerhalb von fünf Minuten drei Vorschläge unterbreiten sollen. Danach werden die Lösungsvorschläge innerhalb der Gruppe ausgetauscht, mit dem Ziel, dass diese weiterentwickelt werden. Der Tausch wird so lange wiederholt, bis die Lösungsvorschläge wieder am Ausgangspunkt angelangt sind.[191]

Delphi-Methode

Die Delphi-Methode ist eine kreativ-intuitive Technik, in der Experten aus verschiedenen Fachbereichen in mehreren Stufen schriftlich über zukünftige Entwicklungen befragt werden. Der Grundgedanke des Verfahrens ist, dass die Experten durch ihr spezielles Fachwissen aus ihren Bereichen eine sehr gute Einschätzung über zukünftige Entwicklungen treffen können. Im Rahmen einer sich wiederholenden Befragung wird die Menge der verschiedenen Meinungen reduziert und ein Konsens angestrebt.[192] Der Anwendungsbereich im Risikomanagement erstreckt sich von der Erfassung und Beurteilung von Einflussfaktoren, über die Datengewinnung für weiterführende Analysen bis hin zur Lösung von Aufgabenstellungen,[193] „die durch den Einsatz wissenschaftlich fundierter Verfahren nicht gelöst werden können."[194]

4.4 Risikoanalyse und -bewertung

Nachdem in der vorangegangenen Phase die Identifizierung von Risiken beschrieben wurde, befasst sich die zweite Phase im Risikomanagementprozess mit der Analyse und Bewertung von Risiken. Es werden dabei die im ersten Schritt erfassten Einzelrisiken zusammengefasst sowie die Abhängigkeiten beschrieben und aggregiert[195] beurteilt.[196] In diesem Zusammenhang ist es auch Aufgabe der Risikoquantifizierung, das Verhältnis

---
[190] Vgl. http://www.orghandbuch.de/nn_414926/OrganisationsHandbuch/DE/6__MethodenTechniken/ 64__Kreativtechniken/642__Brainwriting/brainwriting-node.html?__nnn=true – am 28.09.2011.
[191] Vgl. Schröer, C.: Risikomanagement in KMU: Grundlagen, Instrumente, Nutzen, Saarbrücken (2007), S. 66.
[192] Vgl. http://www.uni-leipzig.de/~kmw/so/3-60/2005/Methodenliteratur_Delphi.pdf – am 24.10.2011.
[193] Vgl. Schneck, O.: Risikomanagement: Grundlagen, Instrumente, Fallbeispiele, Weinheim (2010), S. 125.
[194] Ebenda.
[195] Aggregation: Zur Gewinnung von Zusammenhängen, werden Einzelgrößen nach einem gleichartigen Merkmal zusammengefasst. Vgl. http://wirtschaftslexikon.gabler.de/Definition/aggregation.html – am 25.10.2011.
[196] Vgl. Burger, A.; Buchhart, A.: Risiko-Controlling, München (2002), S. 45 ff.

zwischen dem verfügbaren Haftungskapital und den gegenwärtig übernommenen Risiken zu prüfen.[197] Das Ziel der Risikobewertung ist es, diejenigen Risiken herauszufiltern, die für ein Unternehmen von erheblicher Bedeutung sind. Dazu ist es notwendig einzuschätzen, inwieweit die Risiken das Erreichen der Unternehmensziele gefährden.[198] Eine Unterscheidung von Risikoursachen, die durch die Unternehmensführung beeinflusst bzw. nicht beeinflusst werden können, ist in dieser Phase sinnvoll. So kann z.B. der Umsatzrückgang bei bestimmten Produktgruppen dahingehend analysiert werden, ob genügend Marketingmaßnahmen durchgeführt wurden oder aber ob er durch eine negative Marktentwicklung ausgelöst wurde.[199] Die Bewertungsphase ist eine wichtige Vorstufe für die spätere Phase der Risikosteuerung mit Auswirkungen auch auf die Risikobewältigung, ferner beeinflusst sie die Risikoposition des Unternehmens. Vor der Bewertung von Risiken ist die Risikoanalyse notwendig. Sie dient der Bestimmung der Faktoren, die für die Beeinflussung bereits identifizierter Risiken verantwortlich sind, auch werden die Ursache und die Wirkung bereits erfasster Risiken dokumentiert.[200] Folgende Risikofelder fließen gleichermaßen in die Analyse ein:

- „Strategische Risiken (z.B. die Gefährdung wichtiger Wettbewerbsvorteile),
- Marktrisiken (z.B. konjunkturelle Absatzmengenschwankungen),
- Finanzmarktrisiken (z.B. Zins- und Währungsveränderungen),
- Rechtliche und politische Risiken (z.B. Änderung der Steuersätze),
- Risiken aus Corporate Governance (unklare Kompetenzregelungen),
- Leistungsrisiken der primären Wertschöpfungskette und der Unterstützungsfunktionen (z.B. der Ausfall betriebswichtiger Anlagen und Maschinen)."[201]

Während der Risikoanalyse werden systematische und fokussierte Methoden eingesetzt, damit geht sie über das Sammeln bekannter Risiken hinaus.[202] Zum Einsatz können empirisch-statistische Techniken neben kasuistisch-analytischen Methoden kommen. Empirisch-statistische Techniken stützen sich vor allem auf Statistiken über Verlustgefahren,

---

[197] Vgl. Schneck, O.: Risikomanagement: Grundlagen, Instrumente, Fallbeispiele, Weinheim (2010), S. 139.
[198] Vgl. Kühnel, R.: Risikomanagement in kleinen und mittelständischen Unternehmen mit strategischen Controllinginstrumenten, Norderstedt (2009), S. 22 ff.
[199] Vgl. Martin, T.A.; Bär, T.: Grundzüge des Risikomanagements nach KonTraG, München (2002), S. 96.
[200] Vgl. Schneck, O.: Risikomanagement: Grundlagen, Instrumente, Fallbeispiele, Weinheim (2010), S. 139.
[201] Gleißner, W.: Grundlagen des Risikomanagements im Unternehmen, Controlling, Unternehmensstrategie und wertorientiertes Management, München (2011), S. 57.
[202] Vgl. ebenda.

über die bereits Erfahrungswerte existieren, während sich kasuistisch-analytische Methoden mit Ursache-Wirkungs-Beziehungen auseinandersetzen. Im Anschluss an die Risikoanalyse erfolgt die Risikobewertung, sie bestimmt die Auswirkung der Einzelrisiken quantitativ und qualitativ und dient der Ermittlung der Gesamtrisikolage.[203] Das Risikoausmaß wird in diesem Zusammenhang „als Produkt aus erwartetem Schadenswert und Eintrittswahrscheinlichkeit"[204] definiert und muss verstanden, dokumentiert und kommuniziert werden.

Nach Martin/Bär erleichtern gemischte quantitativ-qualitative Abstufungen der Risiken die Aufnahme und Weitergabe der Informationen. So wird folgende Abstufung der Eintrittswahrscheinlichkeit (EW) vorgeschlagen:[205]

- „sehr unwahrscheinlich (EW < 10%),
- recht unwahrscheinlich (EW 10-30%),
- möglich (EW > 30-70%),
- recht wahrscheinlich (EW > 70-90%) und
- sehr wahrscheinlich (EW > 90%)."[206]

Zur Bestimmung der Wahrscheinlichkeit finden neben dem Fortschreiben von Vergangenheitshäufigkeiten[207] „subjektive Wahrscheinlichkeiten als Ergebnis der psychologischen Einschätzungen der Situation" durch Experten Verwendung.[208]

Begründet durch den Kosten- und Zeitdruck, dem sich gerade KMU ausgesetzt sehen, findet die subjektive Methode in der Praxis die größte Verbreitung. Die Qualität der Daten, die durch subjektive Experteneinschätzungen gewonnen werden, erfordert eine ausreichende Begründung und eine Plausibilitätsprüfung.[209]

Die Ermittlung des Schadenswertes kann objektiv oder subjektiv erfolgen, dafür sind Unternehmensziele als Sollzustände festgelegt. Somit ist das Ausmaß des Verlusts bei Risikoeintritt abschätzbar.[210] Auch kann die Schadenshöhe (SH) nach Risikoklassen unter-

---

[203] Vgl. Schneck, O.: Risikomanagement: Grundlagen, Instrumente, Fallbeispiele, Weinheim (2010), S. 139.
[204] Ebenda.
[205] Vgl. Martin, T.A.; Bär, T.: Grundzüge des Risikomanagements nach KonTraG, München (2002), S. 98.
[206] Ebenda.
[207] Vgl. Schneck, O.: Risikomanagement: Grundlagen, Instrumente, Fallbeispiele, Weinheim (2010), S. 139.
[208] Ebenda.
[209] Vgl. Kühnel R.: Risikomanagement in kleinen und mittelständischen Unternehmen mit strategischen Controllinginstrumenten, Norderstedt (2009), S. 23.
[210] Vgl. Schneck, O.: Risikomanagement: Grundlagen, Instrumente, Fallbeispiele, Weinheim (2010), S. 139.

teilt werden, die im nächsten Abschnitt näher erläutert werden. Als Beispiel sei ein mittelständisches Unternehmen mit einer Eigenkapitalquote von 5 Millionen EUR gegeben. Demnach sieht eine logische Einteilung nach Schadenshöhe wie folgt aus:

- unbedeutend (SH < 5.000 EUR),
- gering (SH ≥ 5.000 EUR - 50.000 EUR),
- mittel (SH > 50.000 EUR - 500.000 EUR),
- schwerwiegend (SH > 500.000 EUR - 2,5 Millionen EUR) und
- existenzbedrohend (SH > 2,5 Millionen EUR).[211]

Die gewonnenen Daten über Eintrittswahrscheinlichkeit und Schadenshöhe dienen im weiteren Verlauf als Datengrundlage für die Anwendung von Instrumenten zur Risikobewertung. In der Praxis erfolgt die Verwendung solcher Bewertungsinstrumente durch den Mittelstand noch sehr unterschiedlich, dies wird durch die Ergebnisse einer Studie, die in Abbildung 9 dargestellt sind, verdeutlicht.

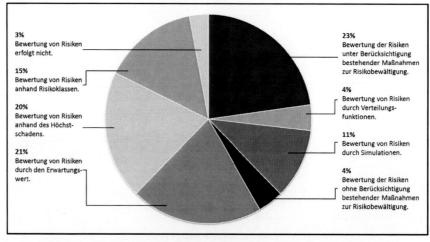

Abbildung 9: Anwendung von Bewertungsverfahren im Mittelstand in Anlehnung an eine Benchmarkstudie von Funk RMCE, Rödl & Partner, Weisman & Cie. 2010/2011[212]

---

[211] Vgl. Martin, T.A.; Bär, T.: Grundzüge des Risikomanagements nach KonTraG, München (2002), S. 99.
[212] http://www.rmce.de/medien/PDF/Studie/Benchmarkstudie-RM%20im%20Mittelstand.pdf, S. 27 – am 13.11.2011.

Vor der folgenden Beschreibung von Techniken zur Bewertung von Risiken wird die Klassifizierung von Risiken als einfachste Möglichkeit zur Bewertung von Risiken vorgestellt.

4.4.1 Die Klassifikation von Risiken

Die Klassifizierung von Risiken wird für eine grundlegende Bewertung genutzt. Dadurch werden eine Einordnung und Unterscheidung von nicht quantifizierbaren Risiken ermöglicht, die ansonsten nur sehr grob bewertet werden können. Eine geeignete Grundlage für diese Einordnung bietet die Einteilung in Risikoklassen. Diese Einteilung beruht im Normalfall auf der Gefährdung des Unternehmenserfolges.[213] Um keine Genauigkeit vorzutäuschen, die nicht vorhanden ist, erfolgt die Klassifizierung in möglichst wenigen Klassen. Geläufig ist die Einordnung in vier Risikoklassen bestehend aus:

- geringem,
- mittlerem,
- größerem und
- existenzbedrohendem Risiko.[214]

Eine derartige Einteilung gewährt zudem Übersichtlichkeit und Objektivität. Auch bei der Klassifizierung bezieht sich das Schadenspotenzial auf Kenngrößen; werden die Unternehmensziele z.B. wesentlich durch das Erzielen von Gewinnen bestimmt, erfolgt die Klassifizierung der Risiken nach ihren Auswirkungen auf den Zahlungsüberschuss. Als weitere Option ist die Beeinflussung der strategischen Erfolgsfaktoren möglich. Eine Bewertung findet durch das Treffen von Auswahlentscheidungen innerhalb des Klassifizierungsprozesses statt. Die gesamte Methode ist eine sehr einfache Technik, die nur eine grundlegende Separation von Risiken ermöglicht.[215] Dennoch kann sie Verwendung finden, um eine erste geordnete Übersicht der Risiken zu erzeugen. Als Folge können Prioritäten gesetzt und ausgewählte Risiken gesondert beobachtet werden. Die Klassifizierung ist als eine alleinige Bewertungsmethode nicht ausreichend, sie kann jedoch als Basis für weitere Instrumente dienen. Für eine Verwendung in KMU ist aufgrund ihrer Einfachheit,

---

[213] Vgl. Burger, A.; Buchhart, A.: Risiko-Controlling, München (2002), S. 104 ff.
[214] Vgl. Damaschke, D.: Instrumente des Risikocontrollings zur Bewertung von Risiken, Norderstedt (2005), S. 11.
[215] Vgl. Burger, A.; Buchhart, A.: Risiko-Controlling, München (2002), S. 104.

des nicht benötigten speziell ausgebildeten Personals, der niedrigen Kosten und eines geringen Zeitaufwands eine klare Empfehlung zu erteilen. Sie ermöglicht den KMU sich auf einfachste Weise mit den unternehmerischen Risiken systematisch auseinanderzusetzen.[216]

4.4.2 Instrumente zur Risikoanalyse und -bewertung

Das Risikoportfolio

Als wichtiges Instrument zur Erfassung und Bewertung von Einzelrisiken kann das Risikoportfolio genutzt werden.[217] In der Fachliteratur sind auch die Begriffe Risk-Map, Risikomatrix[218] oder auch Risikolandkarte verbreitet.[219] Es werden qualitative (Abbildung 10) und quantitative Risikoportfolios (Abbildung 11) unterschieden.

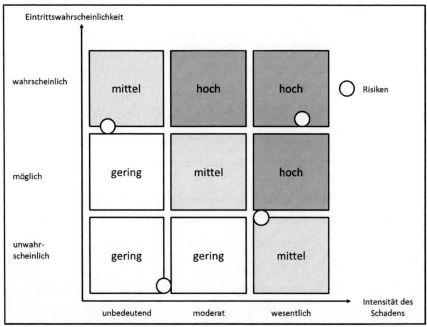

Abbildung 10: Qualitatives Risikoportfolio in Anlehnung an Burger, A.; Buchhart, A.: Risiko-Controlling, Oldenburg (2002), S. 164

---

[216] Vgl. Schröer, C.: Risikomanagement in KMU: Grundlagen, Instrumente, Nutzen, Saarbrücken (2007), S. 70.
[217] Vgl. Schneck, O.: Risikomanagement: Grundlagen, Instrumente, Fallbeispiele, Weinheim (2010), S. 132.
[218] Vgl. Schröer, C.: Risikomanagement in KMU: Grundlagen, Instrumente, Nutzen, Saarbrücken (2007), S. 70.
[219] Vgl. Königs, H.-P.: IT-Risiko-Management mit System, Wiesbaden (2009), S. 20.

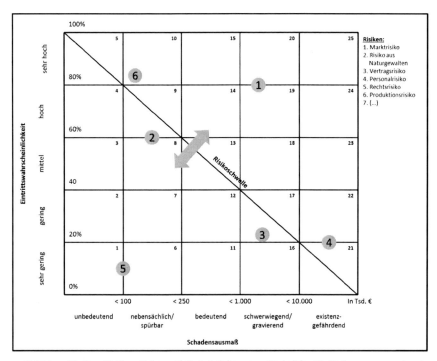

Abbildung 11: Quantitatives Risikoportfolio in Anlehnung an Diederichs, M.: Risikomanagement und Risikocontrolling, München (2004), S. 144

Die Verwendung der verschiedenen Typen richtet sich nach der zu Grunde liegenden Datenbasis. Unter Verwendung dieses Instruments wird eine Basis zur Ermittlung zusammengefasster Risiken geschaffen, dabei wird die momentane Risikoposition sowohl auf Gesamtunternehmensebene als auch auf der Ebene der Teilbereiche, Risikoarten und einzelner Geschäftsfelder graphisch abgebildet.[220] Die Darstellung wird aufgrund des Aufbaus zweidimensional ermöglicht.[221] Die Schadenseintrittswahrscheinlichkeit und das Ausmaß des Schadens werden durch Schadensstatistiken oder Expertenbefragungen bestimmt.[222]

---

[220] Vgl. Schneck, O.: Risikomanagement: Grundlagen, Instrumente, Fallbeispiele, Weinheim (2010), S. 132.
[221] Vgl. Gleißner, W.: Grundlagen des Risikomanagements im Unternehmen, Controlling, Unternehmensstrategie und wertorientiertes Management, München (2011), S. 145.
[222] Vgl. Cottin, C.; Döhler, S.: Risikoanalyse, Wiesbaden (2009), S. 91.

Ein Risikoportfolio besteht grundlegend aus einem Koordinatensystem mit zwei Achsen, die über n Ausprägungen verfügen. Die Anzahl ordinaler Ausprägungen kann für das qualitative Risikoportfolio frei gewählt werden, in der Praxis haben sich jedoch zwei bis drei durchgesetzt. Auf der x-Achse wird die Intensität des Schadens vermerkt, die y-Achse dient der Zuordnung der Eintrittswahrscheinlichkeit. Nun müssen alle Risiken in das Portfolio eingetragen werden, um eine Auswahl zu treffen, welche Risiken besondere Beachtung finden sollen. Abzulesen sind diese im rechten oberen Bereich, der durch eine hohe Eintrittswahrscheinlichkeit und hohe Schadenswerte gekennzeichnet ist. Der linke untere Bereich kann demnach vorerst zweitrangig behandelt werden. Im Unterschied zum qualitativen Risikoportfolio werden bei der Verwendung des quantitativen Risikoportfolios die Eintrittswahrscheinlichkeit und die Intensität des Schadens nicht ordinal, sondern skaliert erfasst. Die Eintrittswahrscheinlichkeit der Risiken wird in Prozent angegeben, die Risikopositionen werden durch verschiedene Verfahren ermittelt. Als Risikoschwelle wird eine Gerade durch die Matrix gezogen; diese ist als kritische Grenze des Unternehmens zu betrachten, Risiken zu verkraften. So ist dann auch relativ einfach zu erkennen, dass die Risiken, die unter dieser Grenze liegen, mit zweitrangiger Priorität zu beobachten sind, während die Risiken über dieser Grenze der vollen Aufmerksamkeit bedürfen.[223]

Für die Steuerung sowohl von Einzelrisiken als auch der Gesamtrisikoposition können Risikoportfolios je nach Achsenkriterien eine hohe Anzahl an Informationen liefern. Resultierend aus den vielfältigen Möglichkeiten der Darstellung ergeben sich verschiedene Perspektiven der Risikobetrachtung. So wird eine übersichtliche Aufteilung der Risiken nach unterschiedlichen Dimensionen erreicht, um z.B. Konzentrationen von Risiken sichtbar zu machen.[224] Bestimmt durch die Positionen innerhalb der Risikomatrix wird es ermöglicht eine Einordnung der Risiken vorzunehmen. Daraus resultierend können Maßnahmen zur Begegnung der bedeutsamsten Risiken abgeleitet werden.[225] Die beiden hier genannten Instrumente sind aufgrund ihres einfachen Aufbaus nicht unkritisch zu betrachten.[226] So können auch kleine Risiken mit hohen Eintrittswahrscheinlichkeiten und niedri-

---

[223] Vgl. Schröer, C.: Risikomanagement in KMU: Grundlagen, Instrumente, Nutzen, Saarbrücken (2007), S. 70.
[224] Vgl. Burger, A.; Buchhart, A.: Risiko-Controlling, Oldenburg (2002), S. 172.
[225] Vgl. Zloch, S.: Wertorientiertes Management der pharmazeutischen Produktentwicklung, Wiesbaden (2007), S. 187.
[226] Vgl. Gleißner, W.: Grundlagen des Risikomanagements im Unternehmen, Controlling, Unternehmensstrategie und wertorientiertes Management, München (2011), S. 146.

gen Schadenswerten existenzbedrohende Ausmaße annehmen, sofern sie kumuliert werden.[227] Dieser Effekt ist in der praktischen Verwendung auch als Dominoeffekt bekannt.[228] Des Weiteren wird die Aussagekraft von Risikoportfolios durch ihren statischen Aufbau beeinträchtigt. Veränderungen der Risiken hinsichtlich Relevanz und Bedeutung werden unzureichend betrachtet. In Tabelle 4 werden die Vor- und Nachteile statischer Risikoportfolios zusammengefasst dargestellt. Es ergibt sich die Anforderung, den Portfolios einen dynamischen Charakter zu verleihen. Erreicht wird dies durch eine ständige Erfassung und Erstellung von geänderten Risikopositionen, auch bietet der Vergleich von Soll- und Ist-Portfolios hier Abhilfe. Durch diese Verfahrensweise wird eine Aktualisierung vorhandener Portfolios durch die Einbeziehung neuer Risiken gewährleistet. Als Ergebnis steht ein Risikoportfolio mit größerer Aktualität und höherer Aussagekraft zur Verfügung.[229] Diese beiden Instrumente eignen sich gut, um die Richtung vorzugeben, danach sollten genauere Untersuchungen mit weiteren Instrumenten folgen. Aufgrund der Ähnlichkeit zwischen dem Risikoportfolio und der Klassifizierung von Risiken ist dieses Instrument eine lohnenswerte Möglichkeit für KMU, um mit kleinstmöglichem Aufwand eine Übersicht der Gesamtrisikoposition zu erhalten.[230]

Tabelle 4: Vor- und Nachteile nicht dynamischer Risikoportfolios in Anlehnung an Cottin, C.; Döhler, S.: Risikoanalyse, Wiesbaden (2009), S. 93

Vorteil	Nachteile
<ul><li>einfach Vorgehensweise</li><li>übersichtliche Darstellung der Risiken</li><li>ohne tiefgreifende mathematische Kenntnisse interpretierbar</li></ul>	<ul><li>im Falle des Schadenseintritts sind die Möglichkeiten begrenzt, zwischen den Schadenshöhen zu unterscheiden</li><li>mögliche Abweichungen zwischen geschätzten und mathematischen Wahrscheinlichkeiten</li><li>ISO-Risikokurven sind nicht ersichtlich, die Gefahr der Fehlinterpretation besteht</li><li>Chancen werden nicht dargestellt</li><li>Zusammenhänge zwischen Risiken werden nicht visualisiert</li></ul>

---

[227] Vgl. Schneck, O.: Risikomanagement: Grundlagen, Instrumente, Fallbeispiele, Weinheim (2010), S. 135.
[228] Vgl. Martin, T.A.; Bär, T.: Grundzüge des Risikomanagements nach KonTraG, München (2002), S. 102.
[229] Vgl. Burger, A.; Buchhart, A.: Risiko-Controlling, Oldenburg (2002), S. 172.
[230] Vgl. Schröer, C.: Risikomanagement in KMU: Grundlagen, Instrumente, Nutzen, Saarbrücken (2007), S. 70.

Das Korrekturverfahren

Aufgrund seines einfachen Aufbaus ist das Korrekturverfahren ein weit verbreitetes Instrument der quantitativen Risikobewertung.[231] Durch pauschale Risikozuschläge oder Risikoabschläge auf die Ausgangsdaten wird die Unsicherheit berücksichtigt.[232] Wird der Kapitalwert als Kriterium herangezogen, ergeben sich drei Möglichkeiten der Korrektur.

- Die erste Möglichkeit, die Unsicherheit zu berücksichtigen, besteht darin, den Kalkulationszinssatzes um einen Risikoanteil zu erhöhen. Der Zinsfuß wird pauschal korrigiert, die Grundlage, auf der die Erhöhung bestimmt wird, bleibt offen. Diese Vorgehensweise führt bei Normalinvestitionen zu sinkenden Kapitalwerten. Weist der Kapitalwert nach der Erhöhung des Kalkulationszinssatzes ein positives Ergebnis auf, ist die Investition vorteilhaft.
- Eine ähnliche Herangehensweise gilt bei einer Angleichung der Rückflüsse. Eine Wertminderung dient auch bei dieser Vorgehensweise dazu, die Rückflüsse an eine steigende Unsicherheit anzupassen. Die Investition ist auch hier vorteilhaft, sofern der Kapitalwert nach der Korrektur der Rückflüsse positiv ist.[233]
- Als dritte Möglichkeit des Korrekturverfahrens findet die Anpassung der Nutzungsdauer Anwendung. Hier gilt, je höher die Unsicherheit eingeschätzt wird, umso kürzer wird die aktive Nutzungsdauer der Investition angesetzt.[234]

Durch den bereits erwähnten einfachen Aufbau ist dieses Instrument mit spezifischen Mängeln behaftet.[235] So werden „nur die denkbar schlechtesten [Zukunftslagen] als relevant unterstellt".[236] Daten die eine positive Entwicklung prognostizieren fließen nicht in die Betrachtung ein.[237] Das Verfahren sollte im Rahmen eines systematischen Risikomanagements nur als Orientierungshilfe angewendet werden.[238] Es eignet sich grundsätzlich

---

[231] Vgl. Schröer, C.: Risikomanagement in KMU: Grundlagen, Instrumente, Nutzen, Saarbrücken (2007), S. 72.
[232] Vgl. Adam, D.: Investitionscontrolling, Oldenburg (2002), S. 335.
[233] Vgl. Müller, D.: Grundlagen der Betriebswirtschaftslehre für Ingenieure, Heidelberg (2006), S. 251.
[234] Vgl. Huch, B.; Behme, W.; Ohlendorf, T.: Rechnungswesen-orientiertes Controlling, Heidelberg (2004), S. 168.
[235] Vgl. Adam, D.: Investitionscontrolling, Oldenburg (2002), S. 336.
[236] Kruschwitz, L.: Investitionsrechnung, München (2009), S. 317.
[237] Ebenda.
[238] Vgl. Wolf, K.; Runzheimer, B.: Risikomanagement und KonTraG, Wiesbaden (2009), S. 60.

für eine Anwendung in KMU[239] um „besonders risikoreiche Investitionen auszusondern".[240] Mit einem Verzicht auf aufwendige Verfahren wird die Untersuchung spezifischer Risiken ermöglicht. Zu beachten ist jedoch, dass durch pauschale Risikoaufschläge und -abschläge die Risikodimension auf keinen Fall in einem ausreichenden Maße beachtet wird.[241]

4.5 Risikosteuerung

Die dritte Phase im Risikomanagementprozess ist nach der Risikoidentifikation mit der anschließenden Risikobewertung der Prozess der Risikosteuerung, geläufig ist ebenfalls der Begriff der Risikobewältigung. Ziel innerhalb dieses Prozesses ist es,[242] „die Risikolage des Unternehmens positiv zu verändern bzw. ein ausgewogenes Verhältnis zwischen erwartetem Ertrag und Risiko zu erreichen."[243] Ermöglicht werden soll dies, durch die Beeinflussung der Eintrittswahrscheinlichkeit und des Schadensausmaßes von Risiken.[244] Potenzielle Chancen sollen innerhalb dieses Prozesses ebenfalls berücksichtigt werden. Es handelt sich also nicht ausschließlich um eine Minimierung der Risiken, sondern auch um eine Optimierung des Chancen-Risiken-Profils.[245] Während der Phasen der Risikoidentifikation und der Risikobewertung wurden Risiken ermittelt und in Risikoklassen eingeteilt, darauf nimmt die Risikosteuerung aktiv Einfluss. Als Ziel wird in diesem Kontext eine Fokussierung auf Geschäftsbereiche angestrebt, in denen das Risikopotenzial nachprüfbar ist.[246] Grundsätzlich stehen folgende Strategien der Risikosteuerung zur Auswahl (siehe auch Abbildung 12):

- Risikovermeidung,
- Risikoverminderung,

---

[239] Vgl. Schröer, C.: Risikomanagement in KMU: Grundlagen, Instrumente, Nutzen, Saarbrücken (2007), S. 72 ff.
[240] Kruschwitz, L.: Investitionsrechnung, München (2009), S. 317.
[241] Vgl. ebenda.
[242] Vgl. Kalwait, R.; Meyer, R.; Romeike, F.; Schellenberger, O.; Erben, R.: Risikomanagement in der Unternehmensführung, Weinheim (2008), S. 311.
[243] Ebenda.
[244] Vgl. Burger, A.; Buchhart A.: Risiko-Controlling, Oldenburg (2002), S. 49.
[245] Vgl. Sielaff, C.: Konzipierung und Implementierung eines Risikomanagementsystems in mittelständischen Unternehmen, Hamburg (2006), S. 46.
[246] Vgl. Blitz, H.: Risikomanagement nach KonTraG, Stuttgart (2000), S. 48.

- Risikoübertragung oder auch Risikoüberwälzung
- und die Risikoübernahme.[247]

Nicht jede der hier genannten Strategien ist auch auf jedes Risiko anwendbar. Auch sollten die Effizienz und die Kosten, die mit der Wahl der Strategie verbunden sind, beachtet werden.[248]

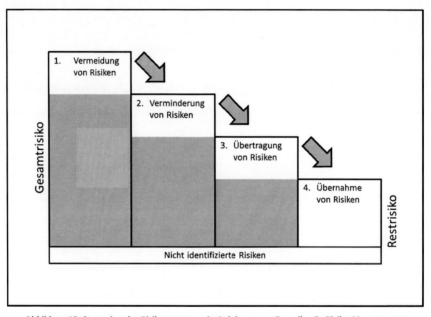

Abbildung 12: Strategien der Risikosteuerung in Anlehnung an Romeike, F.: Risiko-Management Grundlagen einer wertorientierten Unternehmenssteuerung, in: Rating aktuell, Juli/August 2002, Heft 2, S. 12-17

Risikovermeidung basiert auf dem Verzicht, Risiken einzugehen, die sich weder planen noch steuern lassen sowie eine hohe Eintrittswahrscheinlichkeit aufweisen und ein hohes Schadenspotenzial besitzen.[249] Dies kann auch durch den Verkauf oder die Aufgabe risiko-

---

[247] Vgl. Höft, K.: Verknüpfung von Risikomanagement und Compliance im mittelständischen Konzernunternehmen, Hamburg (2011), S. 29 ff.
[248] Vgl. Sielaff, C.: Konzipierung und Implementierung eines Risikomanagementsystems in mittelständischen Unternehmen, Hamburg (2006), S. 46.
[249] Vgl. Schröer, C.: Risikomanagement in KMU: Grundlagen, Instrumente, Nutzen, Saarbrücken (2007), S. 82.

reicher Geschäftsfelder erfolgen.[250] Durch den Ausschluss aller Risiken wird dem Sicherheitsziel oberste Priorität eingeräumt.[251] Diese Strategie ist umso empfehlenswerter, „je geringer die Risikotragfähigkeit des Unternehmens ist",[252] also je weniger Rücklagen vorhanden sind, um Risiken zu kompensieren. Der Verzicht bzw. die Aufgabe bestimmter Geschäftsfelder wird für mittelständische Unternehmen aber auch mit dem Verlust von Kunden verbunden sein, was sich wiederum im Umsatz und in der Liquidität des Unternehmens widerspiegelt. Für KMU in wirtschaftlichen Engpasssituationen ist die Entscheidungsfindung für oder gegen einen Auftrag daher besonders schwer, auch wenn durch eine Prüfung durch das Risikomanagement von diesem abzuraten ist.[253] Eine standardmäßige Anwendung der Risikovermeidung schließt sich von selbst aus, da sie unternehmerisches Handeln nahezu unmöglich macht.[254] Auch müssen die Kosten dieser Strategie ständig überwacht werden, da der Grenznutzen [255] mit zunehmendem Grad der Sicherheit abnimmt. Ein Zielkonflikt zwischen Risikokosten und Sicherheitsgrad sollte vermieden werden, stattdessen ist die Vorgabe für die Höhe der optimalen Risikokosten zu bestimmen.[256]

Die Risikoverminderung definiert sich hauptsächlich durch unternehmensinterne Maßnahmen, welche die Wahrscheinlichkeit des Eintritts und die Höhe des möglichen Schadens verringern.[257] Es wird ein ausgeglichenes Verhältnis zwischen Eintrittswahrscheinlichkeit und Schadenspotenzial angestrebt.[258] Nach der Anwendung der Risikoverminderung wird ein Restrisiko erhalten bleiben.[259] Da mit der Risikoverminderung versucht wird auch potenzielle Chancen wahrzunehmen, gestaltet sie sich flexibler als die Risikovermei-

---

[250] Vgl. Kröger, F.J.: Risikomanagement in mittelständischen Unternehmen, Reinbek (2001), S. 150.
[251] Vgl. Sielaff, C.: Konzipierung und Implementierung eines Risikomanagementsystems in mittelständischen Unternehmen, Hamburg (2006), S. 46.
[252] Gleißner, W.: Grundlagen des Risikomanagements im Unternehmen, Controlling, Unternehmensstrategie und wertorientiertes Management, München (2011), S. 181.
[253] Vgl. Schröer, C.: Risikomanagement in KMU: Grundlagen, Instrumente, Nutzen, Saarbrücken (2007), S. 82 ff.
[254] Vgl. Hopp, K.U.: GmbH-Risikomanagement zur Unternehmenssicherung und Haftungsbegrenzung, Bonn (2001), S. 59.
[255] „Der Nutzen eines Gutes steigt mit zunehmendem Konsum (Grenznutzen ist positiv) und abnehmenden Raten an (Grenznutzen sinkt), bis Sättigung eintritt (Grenznutzen ist null). Der Grenznutzen eines Gutes sinkt mit zunehmender Sättigung." http://www.jelitto.info/fz/vwl_einfuehrung.pdf, Seite 7 – am 16.11.2011.
[256] Vgl. Versteegen, G.: Risikomanagement in IT-Projekten, Heidelberg (2003), S. 137.
[257] Vgl. Schmitz, T.; Wehrheim, M.: Risikomanagement, Stuttgart (2006), S. 96.
[258] Vgl. Kühnel, R.: Risikomanagementsysteme in kleinen und mittelständischen Unternehmen mit strategischen Controllinginstrumenten, Norderstedt (2009), S. 31.
[259] Vgl. Sielaff, C.: Konzipierung und Implementierung eines Risikomanagementsystems in mittelständischen Unternehmen, Hamburg (2003), S. 52.

dung und findet verbreitete praktische Anwendung. Um eine Verminderung von Risiken herbeizuführen, werden vor allem Methoden zur Schadenverhütung und Schadenherabsetzung angewendet.

Durch Schadenverhütung wird versucht den Eintritt eines Schadens zu unterbinden. Erreicht wird dies unter anderem durch eine stärkere Fokussierung auf Überwachung, durch den Einsatz sicherer Materialien und durch fachlich gut ausgebildete Mitarbeiter.[260] Die Grundlage der Schadenherabsetzung bildet das Bestreben, die Auswirkungen im Schadensfall zu minimieren.[261] Lösungsansätze finden sich vor allem in den Bereichen technischer Schutzmaßnahmen (z.B. Sprinkleranlagen, Feuerschutztüren), aber auch in Rückrufaktionen fehlerhafter Produkte. Die Maßnahmen im Rahmen der Schadenverhütung und der Schadenherabsetzung eignen sich prinzipiell für KMU.[262]

Weiterhin können im Rahmen der Risikoverminderung Limitierungen eingesetzt werden. Bei dieser Maßnahme gibt die Unternehmensführung Richtlinien vor, die Vorgaben enthalten, welche Risiken bis zu welcher Risikohöhe eingegangen werden dürfen. Auch die räumliche Trennung von Produktionsanlagen und anderer Betriebsräume führt zu einer natürlichen Risikoverminderung. Das Risiko wird auf kleinere Räume bzw. Einheiten verteilt, so kann eine Reduzierung der Schadenshöhe im Eintrittsfall erreicht werden.[263]

Mit der Risikoüberwälzung wird nicht darauf abgezielt, Risiken zu ändern, vielmehr werden diese auf andere Unternehmen übertragen.[264] Dabei handelt es sich im Normalfall um Versicherungsunternehmen. Übertragbar bzw. versicherbar sind jedoch nur reine Risiken wie z.B. Elementarschäden. Keine Möglichkeit zur Versicherung besteht jedoch für höhere Risiken wie die Einführung eines neuen Produktes am Markt. Auch bei Haftungsrisiken besteht die Option, diese auf den Vertragspartner zu übertragen.[265] Das am weitesten verbreitete Instrument zur Risikoüberwälzung ist jedoch der Abschluss von Versicherungen.[266] Die Risikoüberwälzung bietet vor allem Vorteile als sichere Maßnahme zur Risiko-

---

[260] Vgl. Schröer, C.: Risikomanagement in KMU: Grundlagen, Instrumente, Nutzen, Saarbrücken (2007), S. 84.
[261] Vgl. Romeike, F.; Müller-Reichart, M.: Risikomanagement in Versicherungsunternehmen, Weinheim (2005), S. 327.
[262] Vgl. Schröer, C.: Risikomanagement in KMU: Grundlagen, Instrumente, Nutzen, Saarbrücken (2007), S. 84.
[263] Vgl. Sielaff, C.: Konzipierung und Implementierung eines Risikomanagementsystems in mittelständischen Unternehmen, Hamburg (2003), S. 52.
[264] Vgl. Wagner, F.: Risk Management im Erstversicherungsunternehmen, Karlsruhe (2000), S. 340 ff.
[265] Vgl. Martin, T.A.; Bär, T.: Grundzüge des Risikomanagements nach KonTraG, München (2002), S. 104.
[266] Vgl. Wolke, T.: Risikomanagement, München (2008), S. 85.

bewältigung und durch ihre Flexibilität,[267] ist jedoch aufgrund der hohen Kosten auf die betriebsnotwendigen Versicherungen für KMU zu beschränken. Die relevantesten Versicherungen für KMU umfassen:

- Sachversicherungen,
- Ertragsversicherungen,
- Allgemeine Haftpflichtversicherungen und
- Zusatzversicherungen, z.B. Rückrufkostenversicherungen.

Als vierte Möglichkeit der Risikosteuerung verbleibt die Risikoübernahme. Risiken werden hier bewusst selbst getragen. Dabei handelt es sich zum einen um Risiken, deren Eintrittswahrscheinlichkeit und Schadensausmaß gering sind,[268] und zum anderen um „Restrisiken, die im Rahmen der Steuerung nicht weiter vermieden, vermindert oder übertragen werden konnten."[269] Ein entsprechendes Risikobewusstsein ist hier von größter Wichtigkeit, da auch diese Risiken ständig beobachtet und bewertet werden müssen.[270] Des Weiteren müssen Vorkehrungen getroffen werden, um die Kosten im Falle des Risikoeintritts durch das Unternehmen tragen zu können, dies kann z.B. durch Rücklagen, bilanzielle Reserven und Kredite erfolgen.[271]

4.6 Risikoüberwachung

Die Risikoüberwachung stellt die vierte und letzte Phase im Risikomanagementprozess dar. Ziel innerhalb dieser Phase ist es, die durch die Phase der Risikosteuerung angestoßenen Maßnahmen auf ihre Effizienz zu prüfen und diese falls notwendig nachzubessern. Zu diesem Zweck werden in regelmäßigen Abständen Erfolgskontrollen durchgeführt.[272] Risiken ändern sich im Laufe der Zeit, daher ist auch eine ständige Überwachung der

---

[267] Vgl. Martin, T.A.; Bär, T.: Grundzüge des Risikomanagements nach KonTraG, München (2002), S. 104.
[268] Vgl. Prause, M.: Risikomanagement in verteilten Software-Projekten, Norderstedt (2008), S. 14.
[269] Ebenda.
[270] Vgl. Schröer, C.: Risikomanagement in KMU: Grundlagen, Instrumente, Nutzen, Saarbrücken (2007), S. 91.
[271] Vgl. Sielaff, C.: Konzipierung und Implementierung eines Risikomanagementsystems in mittelständischen Unternehmen, Hamburg (2003), S. 52.
[272] Vgl. Junginger, M.: Wertorientierte Steuerung von Risiken im Informationsmanagement, Wiesbaden (2005), S. 303.

grundsätzlichen Risiken wirtschaftlich unabdingbar und durch das KonTraG vorgegeben.[273] „Die [gewonnen] Ergebnisse [...] fließen in die Berichterstattung des Risikomanagements [...] ein".[274] Verantwortlichkeiten zur Überwachung der grundsätzlichen Risiken, Informationen zu den Überwachungsintervallen und der Umfang der Überwachung müssen nach den gesetzlichen Vorgaben eindeutig festgelegt und dokumentiert werden. Des Weiteren ist eine Risikopolitik zu verfassen, welche die wichtigsten Anforderungen im Umgang mit Risiken reglementiert.[275] Soll-Ist-Vergleiche zwischen Risikostrategie und aktueller Risikolage des Unternehmens bilden die Grundlage der Risikoüberwachung, auch die Beachtung vorgeschriebener Limits wird hier verifiziert.[276] Die Überwachung der getroffenen Maßnahmen zur Risikosteuerung wird nach Junginger auch als Änderungskontrolle bezeichnet. Kommt es zu einer kritischen Überschreitung der Soll-Werte, erfolgt die Neuinitiierung des Gesamtprozesses.[277] Um die Effektivität der verschiedenen indizierten Maßnahmen im Rahmen des Risikomanagements zu prüfen, werden Analysen genutzt, die erfassen, ob Risiken richtig erkannt wurden oder ob unerkannte Risiken aufgetreten sind. In deren Verlauf erfolgt die Überprüfung der Risiken hinsichtlich der auslösenden Ursache (Überprüfung der Risikoanalyse) und ob sie bezogen auf Eintrittswahrscheinlichkeit und Schadenspotenzial richtig eingeschätzt wurden (Überprüfung der Risikobewertung). Abschließend werden die Maßnahmen im Rahmen der Risikosteuerung geprüft. Darunter fallen Kontrollen der getätigten Versicherungen in Hinblick auf Kosten, Umfang und Eignung für die zu versichernden Risiken. Die Prüfung dient also in erster Linie dazu festzustellen, ob eine Über- oder Unterversicherung besteht. Da es sich bei der Risikoüberwachung um einen stetigen Prozess handelt, wird sie in der Praxis vom Controlling oder der Internen Revision durchgeführt.[278] Ob sich der relativ hohe Aufwand auch in KMU realisieren lässt, bleibt fraglich. Dennoch müssen auch hier Maßnahmen getroffen werden, um erkannte, bewertete und gesteuerte Risiken einem ständigen Beobachtungsprozess zu unterzie-

---

[273] Vgl. Gleißner, W.: Grundlagen des Risikomanagements im Unternehmen, Controlling, Unternehmensstrategie und wertorientiertes Management, München (2011), S. 219.
[274] Junginger, M.: Wertorientierte Steuerung von Risiken im Informationsmanagement, Wiesbaden (2005), S. 303.
[275] Vgl. Gleißner, W.: Grundlagen des Risikomanagements im Unternehmen, Controlling, Unternehmensstrategie und wertorientiertes Management, München (2011), S. 219.
[276] Vgl. Martin, T.A.; Bär, T.: Grundzüge des Risikomanagements nach KonTraG, München (2002), S. 106.
[277] Vgl. Junginger, M.: Wertorientierte Steuerung von Risiken im Informationsmanagement, Wiesbaden (2005), S. 303 ff.
[278] Vgl. Martin, T.A.; Bär, T.: Grundzüge des Risikomanagements nach KonTraG, München (2002), S. 106.

hen.[279] Abbildung 13 gibt einen Überblick über die wichtigsten Tätigkeitsfelder der Risikoüberwachung.

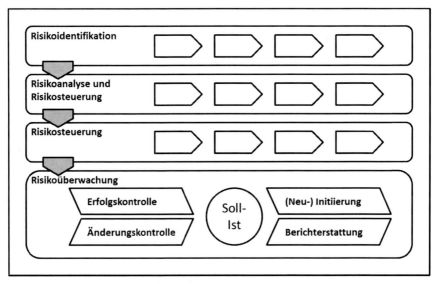

Abbildung 13: Organisatorische Gestaltung der Risikoüberwachung in Anlehnung an Junginger, M.: Wertorientierte Steuerung von Risiken im Informationsmanagement, Wiesbaden (2005), S. 303

4.7 Risikokommunikation

Die Risikokommunikation stellt keine eigentliche Phase innerhalb des Risikomanagementprozesses dar, sondern ist als grundlegendes Bindeglied zwischen den verschiedenen Phasen und Prozessen zu verstehen, ohne dass der Risikomanagementprozess nicht funktionsfähig ist. Erst die Herausbildung eines Risikobewusstseins und einer Kommunikationskultur innerhalb des Unternehmens ermöglicht es, dass bewertete Risiken in dokumentierter Form zeitnah an die verantwortlichen Stellen kommuniziert werden können.[280] Die Struktur der Kommunikation sollte nach folgenden Kriterien aufgebaut werden:[281]

- „Wesentlichkeit,
- Schnelligkeit,
- Genauigkeit,

---

[279] Vgl. Schröer, C.: Risikomanagement in KMU: Grundlagen, Instrumente, Nutzen, Saarbrücken (2007), S. 93.
[280] Vgl. Lachnit, L.; Müller, S.: Unternehmenscontrolling, Wiesbaden (2006), S. 213 ff.
[281] Vgl. Sielaff, C.: Konzipierung und Implementierung eines Risikomanagementsystems in mittelständischen Unternehmen, Hamburg (2006), S. 60.

- Vollständigkeit,
- Einheitlichkeit und
- Neutralität."[282]

Der Anforderung nach müssen Risiken stets in dem höchstmöglichen Genauigkeitsgrad kommuniziert werden; das wäre zwar möglich, aber für eine Anwendung in der Praxis wenig sinnvoll, da die Übersichtlichkeit darunter leiden würde, wenn die Unternehmensführung mit derartigen Mengen an Informationen „überflutet" würde. Daher ist es ratsam den Informationsgrad der Reportings mit steigender Hierarchieebene sinken zu lassen, die Kerninformation jedoch zu erhalten.[283]

Abhängig von Reaktionszeit und Art des Risikos sind zeitliche Intervalle der Datenerhebung über die Risiken auszuwählen. Erreicht werden soll eine Verkürzung der vorhandenen Kommunikationswege mit dem Endziel der Kommunikation von Risiken ohne Zeitverlust. Unterstützt werden diese Vorhaben durch eine entsprechende IT-Infrastruktur und durch schriftliche Richtlinien, welche die Mitarbeiter über[284] „die Unternehmensziele, die Risikostrategie [und die] Ansprechpartner"[285] informieren. Ziel ist die Sicherstellung eines regelmäßigen Reportings über grundlegende Risiken.[286] Es soll garantieren, dass unternehmerische Entscheidungen stets unter der Beachtung von Risikogesichtspunkten getroffen werden können. Diese Vorgehensweise leistet auch einen nicht unerheblichen Beitrag zur Absicherung des weiteren Unternehmensfortbestandes. Die Ergebnisse aus der Identifikation, Analyse und Bewertung fließen in die Risikoreportings ein und ermöglichen so einen Überblick über alle Risiken, die das Unternehmen bedrohen. Die Basis des Risikoreportings bildet das Risikoinventar, es beinhaltet sämtliche erkannten Risiken mit Informationen zu ihren Ursachen und Auswirkungen. Es ermöglicht die Aufnahme einer großen Anzahl an Risiken in kurzer Zeit, erfordert entsprechend jedoch die Kategorisierung nach einem Risikoraster, damit der Überblick erhalten bleibt. Auf Basis des Risikoinventars können die Risiken durch die bereits erwähnten Risk-Maps oder Risikoportfolios visuali-

---

[282] Ebenda.
[283] Vgl. Burger, A.; Buchhart, A.:Risiko-Controlling, München (2002), S. 184.
[284] Vgl. Lachnit, L.; Müller, S.: Unternehmenscontrolling, Wiesbaden (2006), S. 213 ff.
[285] Ebenda.
[286] Vgl. ebenda.

siert und entsprechend ihrer Dringlichkeit durch Maßnahmen beeinflusst werden.[287]

Zusammenfassend lässt sich festhalten, die Kommunikation von Informationen an die Unternehmensführung bildet die Basis für die Entscheidung über weitere Risikomaßnahmen und ist als elementar für alle Unternehmen zu betrachten.[288] Für die Mitarbeiter gibt die Kommunikation risikopolitischer Maßnahmen einen Handlungsrahmen vor, der es ihnen ermöglicht Entscheidungen unter Beachtung der Risikogesichtspunkte zu treffen. Es ist daher erforderlich, dass das Risikoreporting alle Mitarbeiter im Unternehmen erreicht.[289] Um auch den gesetzlichen Anforderungen nachzukommen, ist eine rein interne Kommunikation von Risiken nicht ausreichend. Alle Bestandteile des eingesetzten Risikomanagementsystems sollten im Sinne der Unternehmenstransparenz auch extern den Stakeholdern proaktiv und in angemessener Form kommuniziert werden.[290]

Tabelle 5: Auszug aus einem fiktiven Risikoinventar in Anlehnung an Gleißner, W.: Grundlangen des Risikomanagements im Unternehmen, München (2011), S. 144

Kategorie	Risikobezeichnung	Risikowertbeitrag In Euro	Relevanz
Marktrisiken	Beschaffungsmarktrisiken, Materialkostenschwankungen	- 399.891	5
Politische/rechtliche Risiken	Risiken aus Konventionalstrafen	- 245.657	4
Leistungsrisiken	Verfügbarkeitsrisiken durch den Ausfall zentraler Produktionskomponenten	- 171.110	4
Strategische Risiken	Finanzstrukturrisiko, niedrige Eigenkapitalquote	- 54.000	3
Risiken aus Corporate Governance	Organisatorisches Risiko	- 53.549	3
Leistungsrisiken	Risiko durch den Ausfall von Schlüsselpersonen	- 48.790	3
Marktrisiken	Risiken durch ungünstige Struktur der Wettbewerbskräfte	- 24.879	2
Finanzmarktrisiken	Währungsrisiken	- 15.200	2
Finanzmarktrisiken	Zinsänderungsrisiken	- 4.197	1

---

[287] Vgl. Schneck, O.: Risikomanagement: Grundlagen, Instrumente, Fallbeispiele, Weinheim (2010), S. 90 ff.
[288] Vgl. Lachnit, L.; Müller, S.: Unternehmenscontrolling, Wiesbaden (2006), S. 213 ff.
[289] Vgl. Schneck, O.: Risikomanagement: Grundlagen, Instrumente, Fallbeispiele, Weinheim (2010), S. 92.
[290] Vgl. Wiggert, M.: Risikomanagement von Betreiber- und Konzessionsmodellen, Graz (2009), S. 381.

4.8 Risikodokumentation

Um eine dauerhafte Sicherstellung der Funktionsfähigkeit des Risikomanagements zu gewährleisten, ist es notwendig die getroffenen Maßnahmen entsprechend zu dokumentieren.[291] Die Risikodokumentation stellt somit hauptsächlich eine Sicherungsfunktion innerhalb des Risikomanagementprozesses dar.[292] Sie wird im praktischen Einsatz häufig in Form eines Risikomanagementhandbuchs umgesetzt, dass es ermöglicht die Abläufe im gesamten Risikomanagement durch die Vorgabe von Richtlinien und generellen Anweisungen nachzuvollziehen.[293] Der Aufbau und die kontinuierliche Pflege gehören zu den Aufgaben des Controllings.[294] Im Einzelnen erfüllt das Risikomanagementhandbuch folgende Funktionen nach dem KonTraG:

- „Rechenschaftsfunktion,
- Sicherungsfunktion und
- Prüfbarkeitsfunktion."[295]

Die Rechenschaftspflicht hat die Aufgabe, die Unternehmensführung abzusichern, um im Krisenfall den Nachweis über die korrekte Pflichterfüllung nach § 91 Abs. 2 AktG zu liefern.[296] Der Vorstand eines Unternehmens muss nachweisen können, dass er seinen Pflichten in einem ausreichenden Maße nachgekommen ist. Die Einhaltung der Maßnahmen im Rahmen des Risikomanagementsystems wird mit der Sicherungsfunktion gewährleistet. Es ist hinterlegt, wer welche Aufgabe im Risikomanagement auszuführen hat. Die Prüfbarkeitsfunktion umfasst die Bereitstellung von Daten, damit das System sowohl durch die Interne Revision als auch durch externe Abschlussprüfer überprüft werden kann.

Des Weiteren existieren zahlreiche Anforderungen, die an Handbücher und somit auch an das Risikomanagementhandbuch gestellt werden, dazu gehören:

- „übersichtliche Gliederung,
- klare typographische Darstellung,

---

[291] Vgl. Schneck, O.: Risikomanagement: Grundlagen, Instrumente, Fallbeispiele, Weinheim (2010), S. 92.
[292] Vgl. Burger, A.; Buchhart, A.: Risiko-Controlling, München (2002), S. 176.
[293] Vgl. Richter, M.: Entwicklung der Wirtschaftsprüfung, Bielefeld (2003), S. 36.
[294] Vgl. Fiege, S.: Risikomanagement- und Überwachungssystem nach KonTraG, Wiesbaden (2006), S. 213.
[295] Martin, T.A.; Bär, T.: Grundzüge des Risikomanagements nach KonTraG, München (2002), S. 159 ff.
[296] Vgl. Führing, M.: Risikomanagement und Personal, Wiesbaden (2006), S. 39.

- einheitliches System der Beschreibung,
- einheitliche Terminologie,
- Vermeidung von Überschneidungen und Wiederholungen,
- Herausgabe durch eine zentrale Stelle,
- laufende Aktualisierung durch Änderungsdienst bzw. Ergänzung,
- eindeutige Festlegung des Empfängerkreises und
- Erfüllung der Erfordernisse eines Nachschlagewerkes."[297]

Inhaltsmäßig soll ein solches Nachschlagewerk alle Daten enthalten, die es einem fachkundigen Dritten ermöglichen sich in angemessener Zeit einen Überblick über die getroffenen Maßnahmen zu verschaffen.[298] Im Umfang des Handbuchs spiegel sich oft die Größe des Unternehmens wider.[299] Risikomanagementhandbücher großer Firmen beschreiben die einzelnen Prozesse im Risikomanagement, die Aufgaben, Befugnisse und die risikobezogenen Funktionstrennungen der einzelnen Elemente. Für KMU bieten sich hier ein weniger starker Umfang und eine niedriger Gliederungstiefe an. Als Grundstruktur in der Gliederung hat sich folgender Aufbau bewährt[300]:

a. „Allgemeiner Teil
b. Aufbauorganisation des Risikomanagementsystems
c. Ablauforganisation des Risikomanagementsystems
d. Überwachung des Risikomanagementsystems
e. Darstellung möglicher existenzgefährdender Bereiche."[301]

In der Fachliteratur lassen sich auch Vorschläge für noch tiefergreifende Gliederungen finden, die sich an Qualitätshandbüchern orientieren. Im Anhang 3 ist ein Beispiel dafür hinterlegt, grundsätzlich soll für die Zielgruppe des Mittelstandes dieser Gliederungsvorschlag als ausreichend erachtet werden.

---
[297] Martin, T.A.; Bär, T.: Grundzüge des Risikomanagements nach KonTraG, München (2002), S. 161.
[298] Vgl. ebenda, S. 162.
[299] Vgl. Fiege, S.: Risikomanagement- und Überwachungssystem nach KonTraG, Wiesbaden (2006), S. 213.
[300] Vgl. Martin, T.A.; Bär, T.: Grundzüge des Risikomanagements nach KonTraG, München (2002), S. 162.
[301] Ebenda.

5 Organisatorische Einordnung des Risikomanagements in die Aufbauorganisation

Diese Kapitel wird sich mit den Möglichkeiten der Integration eines funktionsfähigen Risikomanagementsystems in die Organisationsstruktur von Unternehmen beschäftigen.

Bezugnehmend auf Schneck werden bei der Einrichtung einer Risikomanagementorganisation die Konzepte der Integration und der Separation unterschieden. Unter dem Integrationskonzept wird die Erweiterung von Tätigkeitsfeldern von bereits vorhandenen Organisationseinheiten mit den Aufgaben des Risikomanagements verstanden. Dies ermöglicht die Eingliederung der Risikomanagementstrukturen in die bereits bestehende Organisation. Die Entscheidungsträger der einzelnen Operationseinheiten sind hier in ihrem Verantwortungsbereich selbst für die Identifikation, Bewertung und Steuerung der Risiken zuständig. Auf diese Weise wird ein Risikomanagement mit relativ geringem Aufwand ermöglicht. Die sonst notwendigen parallelen Organisationstrukturen entfallen. Ein wichtiger Nachteil ist das Fehlen einer unabhängigen Instanz zur Unterstützung des Risikomanagements, welches die Gefahr des Übersehens relevanter Risiken erhöht.[302] Das Konzept des integrierten Risikomanagements eignet sich besonders für KMU, „die nur geringe personelle und finanzielle Mittel für das Risikomanagement aufbringen können."[303]

Nach dem Separationskonzept werden die Risikoträger, das sind die direkt vom Risiko betroffenen Unternehmensbereiche, und die Verantwortlichen der Risikosteuerung voneinander getrennt. Dadurch soll auch eine Trennung von Sach- und Risiko-entscheidungen sichergestellt werden. Dafür ist auch der Begriff der Risikoabteilung geläufig.

Diese Risikoabteilung kann einer Art Stabsstelle gleichgesetzt werden und hat als Aufgabe, die verantwortlichen Entscheidungsträger in den Primärfunktionen des Unternehmens zu unterstützen. So wird es ermöglicht, dass methodische Kenntnisse und Spezialwissen im Bereich des Risikomanagements aufgebaut und leichter zu dokumentieren sind. Des Weiteren übernimmt eine solche Stabsstelle Kontrollaufgaben und stellt eine objektive Beurteilung sicher. Als Nachteil sei der fehlende detaillierte Überblick über die vielen verschiedenen Unternehmensbereiche mit deren zahlreichen Einzelprozessen genannt. Das kann zu Fehleinschätzungen oder zur Nichtwahrnehmung latenter Risiken führen. Dieses Konzept ist für die größeren KMU und Großunternehmen interessant, die über die

---

[302] Vgl. Schneck, O.: Risikomanagement: Grundlagen, Instrumente, Fallbeispiele(Weinheim) 2010 S. 81.
[303] Ebenda.

dafür notwendigen Ressourcen verfügen.

Für das Risikomanagement ist der Zentralisierungsgrad von hoher Bedeutung. Er regelt die Verteilung der Aufgaben und der Kompetenzen. Es wird nach zentraler und dezentraler Organisation differenziert, wie auch in Abbildung 14 dargestellt. In der zentralen Organisationsform werden gleichartige Teilaufgaben in einem Zentrum oder einer Zentrale zusammengefasst, in der dezentralen Organisation werden diese Aufgaben auf mehrere Stellen verteilt. Ist im gesamten Unternehmen nur eine einzige Organisationseinheit vorhanden, der alle Aufgaben und Verantwortungen des Risikomanagements übertragen wurden, handelt es sich um eine vollständige Zentralisierung des Systems. Die Führungsverantwortlichkeiten und der Einfluss zentrieren sich hier ausschließlich auf das Zentralorgan. Dadurch werden Kompetenzstreitigkeiten und eine mindere Qualität der Aufgabenerfüllung vermieden. Als Nachteil verlängern sich die Kommunikations- und Entscheidungswege im Unternehmen, was in einer verzögerten Reaktionsfähigkeit auf erkannte Risiken zum Tragen kommen kann.

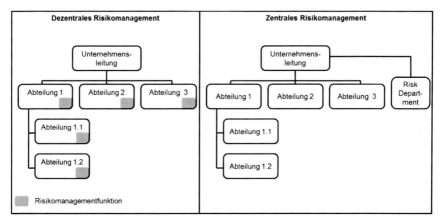

Abbildung 14: Dezentrales und zentrales Risikomanagement in Anlehnung an Ehrmann, H.: Kompakt Training Risikomanagement: Basel II-Rating, Ludwigshafen (2005), S. 121

Eine weitere Gefahr ist die Nichtmiteinbeziehung von Mitarbeitern des operativen Geschäfts. Sie verfügen über das Fachwissen zu den spezifischen Risiken, welches so nicht ausreichend genutzt wird und zu einer Behinderung der Maßnahmen im Bereich der proaktiven Risikoabwehr führen kann. Auch ergibt sich aus der Zentralisierung die Gefahr der Nichtidentifizierung relevanter Risiken, da die Zentraleinheit in den wenigsten Fällen kompletten Einblick in alle Bereiche des Unternehmens hat.

Die vollständige Dezentralisierung kennzeichnet sich durch die Ausführung aller Aufgaben in den einzelnen Unternehmensbereichen. Vorteile dieser Organisationsart sind, dass die Motivation der Mitarbeiter durch die Möglichkeit, eigenständig Risikoentscheidungen treffen zu können, erhöht wird, und damit verbunden die Förderung einer Risikokultur im Unternehmen. Ein möglicher Nachteil ist Mehrfacharbeit in den verschiedenen Abteilungen, zudem gestaltet sich die Koordination der einzelnen Aktivitäten als schwierig. Hauptursache hierfür ist zumeist ein unzureichender Kommunikationsfluss zwischen dezentralen Abteilungen und den zentralen Einheiten im Unternehmen, was dazu führt, dass den Entscheidungsträgern nur unvollständige Informationen vorliegen. Als mögliche Lösung, welche die Vorteile beider Konzepte vereint, hat sich in der Praxis eine Mischform aus dezentralem und zentralem Risikomanagement herausgebildet. In dieser Mischform sind die operativen Einheiten bis zu einem bestimmten Punkt selber für ihre Risiken zuständig, also dezentral, die Koordination übernimmt die zentrale Risikomanagementeinheit. Die Hauptaufgaben der Risikomanagementeinheit umfassen vor allem das strategische Risikomanagement und die Risikokontrolle.[304]

Es ist hier nochmal darauf hinzuweisen, dass der Risikomanagementprozess nicht auf einmalige Aktionen beschränkt ist, vielmehr muss er in regelmäßigen Abständen durchgeführt werden, um nachhaltige Effekte zu erzielen. Dafür ist innerhalb des normalen Betriebsablaufs das Zusammenspiel zwischen der Unternehmensleitung und einer koordinierten Risikomanagementinstitution notwendig. Diese Regelung gewährleistet, dass das Risikomanagement in alle Geschäftsprozesse integriert wird und von den anderen Funktionen eindeutig zu unterscheiden, jedoch nicht trennbar ist.[305]

---

[304] Vgl. Schneck, O.: Risikomanagement: Grundlagen, Instrumente, Fallbeispiele, Weinheim (2010), S. 81 ff.
[305] Vgl. Martin, T.A.; Bär, T.: Grundzüge des Risikomanagements nach KonTraG, München (2002), S. 89.

6 Zusammenfassung und Ausblick

Wie in den einleitenden Bemerkungen dieser Arbeit bereits angeführt, ist kein unternehmerisches Handeln ohne das Eingehen von Risiken möglich. Risiken können unter bestimmten Bedingungen Unternehmensexistenzen bedrohen oder große Schäden verursachen, daher besteht die Notwendigkeit, Unternehmen durch die Implementierung eines Risikomanagementsystems zu schützen. Wichtig ist hier zu verstehen, dass es zumeist nicht ein einzelnes Risiko ist, das Unternehmen im besonderen Maße bedroht, vielmehr gibt es eine Vielzahl von Risiken, die Abhängigkeiten und Beziehungen zueinander aufweisen und als Gesamtheit die Bedrohung darstellen. In diesem Zusammenhang zeigt die Arbeit Möglichkeiten auf, ein Risikomanagementsystem, das an die Bedürfnisse kleiner und mittlerer Unternehmen angepasst ist, zu gestalten und ohne großen Aufwand in die bestehenden Betriebsabläufe und Unternehmensstrukturen einzubinden. Eine Erläuterung der verschiedenen Bestandteile und Prozesse, aus denen sich ein solches System zusammensetzt, ist erfolgt, der Bezug zu den Anforderungen des Mittelstandes wurde hergestellt. Eine wichtige Intention der Abhandlung war es, eine angemessene Anzahl an adäquaten Instrumenten und Methoden zu präsentieren, die es ermöglichen die einzelnen Phasen des Gesamtprozesses umzusetzen. Zu beachten ist, dass die vorgestellten Instrumente und Methoden aufgrund ihrer Einfachheit gewissen Einschränkungen hinsichtlich der Qualität der Ergebnisse unterworfen sind. Der Fokus ist auf Maßnahmen ausgerichtet, die einfach, kostengünstig und ohne großen zeitlichen und personellen Aufwand anwendbar sind. Auf diese Weise werden Unternehmen in die Lage versetzt, relevante Risiken zu identifizieren, zu bewerten, zu steuern und zu überwachen. Eine weitere wichtige Thematik, die mit diesem Konzept behandelt werden soll, ist es, das Chancen-Risiken-Verhältnis darzulegen und damit das Verständnis zu vermitteln, dass ein Risikomanagementsystem kein reines Werkzeug der Risikoeliminierung ist. Durch das Aufzeigen potenzieller Chancen generiert es für die Unternehmen nachhaltige Wettbewerbsvorteile (Vergleiche auch Anhang 4) und trägt so einen maßgeblichen Anteil zur Absicherung der weiteren Unternehmensexistenz bei.

Der Anstoß zur Implementierung eines Risikomanagementsystems ergab sich aus den gesetzlichen Vorschriften des KonTraG. Diese sind für die Unternehmen des Mittelstandes nicht als Verpflichtung zur Implementierung eines Risikomanagementsystems zu verstehen. Vielmehr sollen sie den Nutzen der Reglementierungen zum Schutz des Unternehmens vor Gefahren auch für den Mittelstand verdeutlichen. Sie sollen als Anreiz und Empfehlung verstanden werden, im Rahmen des verantwortungsvollen Umgangs mit dem Risikoaspekt die Maßnahmen, die für Großunternehmen und bestimmte Unternehmensformen gesetzlich verpflichtend sind, auch durch die Unternehmen des Mittelstandes aufzunehmen, diese an ihre Bedürfnisse anzupassen und entsprechend umzusetzen. Darüber hinaus finden die Regelungen des Corporate Governance Kodex Erwähnung im Kontext der gesetzlichen Rahmenbedingungen. Die Bestrebungen, Unternehmen an ihre gesellschaftliche und kulturelle Verantwortung zu erinnern und durch Maßnahmen zur Kontrolle der Unternehmensführung Transparenz und Vertrauen nach innen und außen zu schaffen, kennzeichnen sie. Gleich den Vorgaben des KonTraG sind die Regelungen des Kodex keine Pflicht für den Mittelstand, sondern Empfehlungen.

Diese Konzeption verankert den Risikogedanken tief im Unternehmen. In diesem Sinne veranschaulicht sie Verbindungen zu anderen Unternehmensbereichen und Prozessen, die neben den Phasen des Risikomanagementprozesses kontinuierlich ablaufen. Die Zuordnung der grundlegenden Funktionen des internen Überwachungssystems mit seinen Hauptbestandteilen und ihrer Signifikanz für den Gesamtprozess war ein weiteres Anliegen, ebenso wie das Aufzeigen verschiedener Gestaltungsmöglichkeiten des organisatorischen Aufbaus und dessen Integration in vorhandene Unternehmensstrukturen. Auch hier ist anzumerken, dass der organisatorische Aufbau des Risikomanagements individuell an die Rahmenbedingungen des einzelnen Unternehmens anzupassen ist. Der Aspekt der Risikokommunikation in Verbindung mit dem Aufbau einer unternehmensweiten Risikokultur als substanzielle Verbindung und Grundvoraussetzung zwischen allen Prozessen und Bestandteilen eines Risikomanagementsystems wurde ergänzend für das Gesamtverständnis der Abhandlung herausgearbeitet.

Zusammenfassend wird festgestellt, dass sich für die Unternehmen des Mittelstandes nicht die Frage stellt, ob ein Risikomanagementsystem notwendig ist, sondern in welchem Umfang es realisiert werden kann. Die Größenordnung wird dabei bestimmt durch Faktoren wie Kosten, Branchenzugehörigkeit, Wahl der angewendeten Instrumente/Methoden und Ähnliches. Während Großunternehmen mit starkem finanziellem und personellem Hintergrund umfangreiche Maßnahmen zur Risikoabsicherung treffen können, ist es durchaus möglich, dass sich kleinere Unternehmen des Mittelstandes auf die wesentlichen Maßnahmen zur Abwehr existenzbedrohender Risiken beschränken müssen. Unternehmerisch unverantwortlich wäre es gänzlich auf Absicherungsmaßnahmen gegen Risiken zu verzichten. Die Implementierung eines Risikomanagementsystems verbessert die Fähigkeiten der Unternehmen, auch mit zukünftigen, unvorhergesehenen Ereignissen umzugehen, und trägt so einen erheblichen Teil zur weiteren Existenzsicherung der Unternehmen bei. Daher lässt sich das Dargelegte als Leitfaden bei der Entwicklung und Einführung eines Risikomanagementsystems für mittelständische Unternehmen verwenden. Das Ergebnis soll ein sich kontinuierlich verbesserndes, von den Mitarbeitern akzeptiertes, intelligentes und vollständig in das Unternehmen integrierte System für die Steuerung von Risiken sein.

Ein abschließender Ausblick in die Zukunft des Risikomanagements soll diese Arbeit beenden. Der größte Anteil der Unternehmen des Mittelstandes verfügt heute bereits über ein Risikomanagementsystem, die hohe Bedeutung der Risiken wurde somit erkannt. Die weitere Entwicklung wird darauf ausgerichtet sein, die vorhandenen Maßnahmen und Instrumentarien zu verbessern und kontinuierlich weiterzuentwickeln. Erreicht werden sollen positive Ergebnisse in diesem Bereich hauptsächlich durch die Nutzung intern vorhandener Ressourcen und Kapazitäten.[306] Diese Tendenz ist notwendig, da Prozesse auch zukünftig immer komplexer werden und Reaktionszeiten noch kürzer. Kostendruck und Wettbewerb stellen weiterhin große Herausforderungen an die KMU und machen es unumgänglich die Optimierung bzw. die Einführung von Risikomanagementsystemen voranzutreiben.[307] Nachholbedarf besteht hier vor allem darin, den Risikoaspekt nicht nur eindimensional wahrzunehmen, sondern mit ihm in einer Gesamtrisikobetrachtung zu interagieren.[308] Anhand der genannten Kriterien lässt sich vorhersagen, dass die Zukunft des Risikomanagements in seiner vollständigen Integration in die Entscheidungprozesse und Steuerungssysteme der Unternehmen liegt.[309]

---

[306] Vgl. http://www.rmce.de/medien/PDF/Studie/Benchmarkstudie-RM%20im%20Mittelstand.pdf, S. 16 und 35 – am 06.11.2011.
[307] Vgl. http://www.risknet.de/risknews/die-neue-rolle-des-risikomanagements-in-der-zukunft/ – am 06.11.2011.
[308] Vgl. http://www.rmce.de/medien/PDF/Studie/Benchmarkstudie-RM%20im%20Mittelstand.pdf, S. 7 – am 06.11.2011.
[309] Vgl. http://www.krisennavigator.de/Die-Zukunft-des-Risikomanagements.301.0.html – am 06.11.2011.

C Literaturverzeichnis

Adam, Dietrich: Investitionscontrolling, Oldenburg (2000), Oldenbourg Wissenschaftsverlag

Adler, Patrick: Betriebliche Versicherungen als Teil des Risikomanagementprozesses im Unternehmen, Hamburg (2011), Diplomica Verlag

Blitz, Horst: Risikomanagement nach KonTraG: Einrichtung von Frühwarnsystemen zur Effizienzsteigerung und zur Vermeidung persönlicher Haftung, Stuttgart (2000), Schäffer-Poeschel

Böger, Mareike; **Kersten**, Wolfgang (Hrsg.): Gestaltungsgrundsätze und Determinanten des Supply Chain Risk Management, Köln (2010), Josef Eul Verlag

Brunner, Franz J.; **Wagner**, Karl W.: Taschenbuch Qualitätsmanagement Leitfaden für Studium und Praxis, München (2008), Carl Hanser Verlag

Burger, Anton; **Buchhart**, Anton: Risiko-Controlling, München (2002), Oldenbourg Wissenschaftsverlag

Cottin, Claudia; Döhler, Sebastian: Risikoanalyse, Wiesbaden (2009), GWV Fachverlag

Damaschke, Dominik: Instrumente des Risikocontrollings zur Bewertung von Risiken, Norderstedt (2005), GRIN Verlag

Ehrmann, Harald; **Olfert**, Klaus (Hrsg.): Kompakt Training Risikomanagement: Basel II-Rating, Ludwigshafen (2005), Kiehl Friedrich Verlag

Epstein, Richard: Risikomanagement im Export mittelständischer Unternehmen: ein interkultureller Vergleich, Berlin, (1999), dissertation.de

Fiege, Stefanie: Risikomanagement- und Überwachungssystem nach KonTraG, Wiesbaden (2006), Deutscher Universitäts-Verlag

Fleischer, Holger: Handelsgesetzbuch (Beck-Texte im dtv), München (2009), Deutscher Taschenbuch Verlag

Führing, Meik: Risikomanagement und Personal: Management des Fluktuationsrisikos aus ressourcenorientierter Perspektive, Wiesbaden (2006), Deutscher Universitäts-Verlag

Füser, Karsten; **Gleißner**, Werner; **Meier**, Günter (1999): Risikomanagement (KonTraG) – Erfahrungen aus der Praxis, In: Der Betrieb,52. Jg., Heft 15, S. 753

Geisenberger, Siegfried; **Nagel**, Werner: Aktivierung in der ökonomischen Bildung, Freiburg (2002), Books on Demand GmbH

Gleißner, W.: Grundlagen des Risikomanagements im Unternehmen, München (2011), Vahlen Franz GmbH

Gleißner, Werner; **Meier**, Günter (Hrsg.): Wertorientiertes Risiko-Management für Industrie und Handel: Methoden, Fallbeispiele, Checklisten, Wiesbaden (2001), Gabler Verlag

Götz, Uwe; **Henselmann**, Klaus; **Mikus**, Barbara (Hrsg.): Risikomanagement, Heidelberg (2001), Physica-Verlag

Herman, Dirk Christian: Strategisches Risikomanagement kleiner und mittlerer Unternehmen, Berlin (1996), Köster Verlag

Hirth, Hans: Grundzüge der Finanzierung und Investition, München (2008), Oldenbourg Wissenschaftsverlag

Höft, Kai: Verknüpfung von Risikomanagement und Compliance im mittelständischen Konzernunternehmen, Hamburg (2011), Diplomica Verlag

Hopp, Kai Ullrick: GmbH-Risikomanagement zur Unternehmenssicherung und Haftungsbegrenzung, Bonn (2001), VSRW-Verlag

Horsch, Andreas; **Schulte**, Michael: Wertorientierte Banksteuerung 2: Risikomanagement, Frankfurt am Main (2002), School Verlag

Huch, Burkhard; **Behme**, Wolfgang; **Ohlendorf**, Thomas: Rechnungswesen-orientiertes Controlling: Ein Leitfaden für Studium und Praxis, Heidelberg (2004), Physica-Verlag

Jung, Hans: Controlling, München (2007), Oldenbourg Wissenschaftsverlag

Junginger, Markus: Wertorientierte Steuerung von Risiken im Informationsmanagement, Wiesbaden (2005), Deutscher Universitäts-Verlag

Kalwait, Rainer; **Meyer**, Ralf; **Romeike**, Frank; **Schellenberger**, Oliver; **Erben**, Roland (Hrsg.): Risikomanagement in der Unternehmensführung: Wertgenerierung durch chancen- und kompetenzorientiertes Management, Weinheim (2008), WILEY-VCH Verlag

Kienbaum, Jochen; **Börner**, Christoph J.: Neue Finanzierungswege für den Mittelstand, Wiesbaden (2003), Gabler Verlag

Königs, Hans-Peter: IT-Risiko-Management mit System, Wiesbaden (2009), Vieweg Teubner Verlag

Kröger, Fritz J., Risikomanagement in mittelständischen Unternehmen: Risiken erkennen, bewerten und beherrschen, Reinbek (2001), Books on Demand GmbH

Kruschwitz, Lutz: Investitionsrechnung, München (2009), Oldenbourg Wissenschaftsverlag

Kühnel, Rainer: Risikomanagement in kleinen und mittelständischen Unternehmen mit strategischen Controllinginstrumenten, Norderstedt (2009), Books on Demand GmbH

Lachnit, Laurence; **Müller**, Stefan: Unternehmenscontrolling, Wiesbaden (2006), Gabler Verlag

Löhr, Benjamin W.; **Weißenberger**, Barbara E. (Hrsg.): Integriertes Risikocontrolling für Industrieunternehmen: eine normative Konzeption im Kontext der empirischen Controllingforschung von 1990 bis 2009, Frankfurt (2010), Internationaler Verlag der Wissenschaften

Lück, Wolfgang (Hrsg.): Zentrale Tätigkeitsbereiche der Internen Revision: Aktuelle und zukünftige Schwerpunkte erfolgreicher Revisionsarbeit, Berlin (2006), Erich Schmidt Verlag

Martin, Thomas A.; **Bär**, Thomas: Grundzüge des Risikomanagements nach KonTraG: Das Risikomanagementsystem zur Krisenfrüherkennung nach § 91 Abs. 2 AktG, München (2002), Oldenbourg Wissenschaftsverlag

Meier, Peter: Risikomanagement in Technologieunternehmen: Grundlagen, Checklisten und Implementierung, Weinheim (2005), WILEY-VCH Verlag

Mensch, Gerhard: Finanz-Controlling, Finanzplanung und -kontrolle: Controlling zur finanziellen Unternehmensführung, München (2008), Oldenbourg Wissenschaftsverlag

Mertins, Kai; **Seidel**, Holger: Wissensmanagement im Mittelstand: Grundlagen – Lösungen – Praxisbeispiele, Heidelberg (2009), Springer-Verlag

Müller, David: Grundlagen der Betriebswirtschaftslehre für Ingenieure, Heidelberg (2006), Springer-Verlag

Mugler, Josef: Betriebswirtschaftslehre der Klein- und Mittelbetriebe, Wien (1998), Springer Verlag

Neugebauer, Miriam: Grundlagen des Risikomanagements und Risikocontrollings, Norderstedt (2008), GRIN Verlag

Polster, Christian: Unternehmensfinanzierung im Mittelstand: Schwierigkeiten und Lösungsansätze, Norderstedt (2008), GRIN Verlag

Prause, Matthias: Risikomanagement in verteilten Software-Projekten, Norderstedt (2008), GRIN Verlag

Reichling, Peter; **Bietke**, Daniela; **Henne**, Antje: Praxishandbuch Risikomanagement und Rating: Ein Leitfaden, Wiesbaden (2007), Gabler Verlag

Richter, Martin (Hrsg.): Entwicklung der Wirtschaftsprüfung: Prüfmethoden, Risiko, Vertrauen, Bielefeld (2003), Erich Schmidt Verlag

Romeike, Frank: Risiko-Management Grundlagen einer wertorientierten Unternehmenssteuerung, in: Rating aktuell, Juli/August 2002, Heft 2, S. 12-17, RiskNet

Romeike, Frank; **Finke**, Robert B.: Erfolgsfaktor Risiko-Management: Chance für Industrie und Handel – Methoden, Beispiele, Checklisten, Wiesbaden (2003), Gabler Verlag

Romeike, Frank; **Müller-Reichart**, Matthias: Risikomanagement in Versicherungsunternehmen, Weinheim (2005), WILEY-VCH Verlag

Ruter, Rudolf X.; **Sahr**, Kahrin; **Waldersee**, Georg Graf (Hrsg.): Public Corporate Governance: ein Kodex für öffentliche Unternehmen, Wiesbaden (2005), Gabler Verlag

Schmitz, Thorsten; **Wehrheim**, Michael: Risikomanagement: Grundlagen – Theorie – Praxis, Stuttgart (2006), Kohlhammer Verlag

Schneck, Ottmar: Handbuch Alternative Finanzierungsformen, Weinheim (2006), WILEY-VCH Verlag

Schneck, Ottmar: Risikomanagement: Grundlagen, Instrumente, Fallbeispiele, Weinheim (2010), WILEY-VCH Verlag

Schröer, Christopher: Risikomanagement in KMU: Grundlagen, Instrumente, Nutzen Saarbrücken (2007), VDM Verlag Dr. Müller

Seibert, U.: Das Gesetz zur Kontrolle und Transparenz im Unternehmensbereich (KonTraG) – Die aktienrechtlichen Regelungen im Überblick, in: Dörner, D./Menold, D./Pfitzer, N. (Hrsg.): Reform des Aktienrechts, der Rechnungslegung und Prüfung – KonTraG – KapAEG – EuroEG – Stück AG, Stuttgart (1999), S. 1 - 26

Sielaff, Christian: Konzipierung und Implementierung eines Risikomanagementsystems in mittelständischen Unternehmen, Hamburg (2006), Diplomica Verlag

Strohmeier, Georg: Ganzheitliches Risikomanagement in Industriebetrieben: Grundlagen, Gestaltungsmodell und praktische Anwendung, Wiesbaden (2007), Deutscher Universitäts-Verlag

Versteegen, Gerhard (Hrsg.): Risikomanagement in IT-Projekten: Gefahren rechtzeitig erkennen und meistern, Heidelberg (2003), Springer-Verlag

Vogler, Matthias; **Gundert**, Martin (1998): Einführung von Risikomanagementsystemen – Hinweise zur praktischen Ausgestaltung, in: Der Betrieb, 48. Jg., Seite 2377-2383

Wagner, Frank: Risk Management im Erstversicherungsunternehmen, Karlsruhe (2000), Verlag Versicherungswirtschaft

Wiggert, Marcel: Risikomanagement von Betreiber- und Konzessionsmodellen, Graz (2009), Verlag der Technischen Universität Graz

Winter, Peter: Risikocontrolling in Nicht-Finanzunternehmen: Entwicklung einer tragfähigen Risikocontrolling-Konzeption und Vorschlag zur Gestaltung einer Risikorechnung, Mannheim (2006), EUL-Verlag

Wolf, Jochen; **Paul**, Herbert: Erfolg im Mittelstand: Tipps für die Praxis, Wiesbaden (2009), Gabler Verlag

Wolf, Klaus; **Runzheimer**, Bodo: Risikomanagement und KonTraG: Konzeption und Implementierung, Wiesbaden (2009), Gabler Verlag

Wolke, Thomas: Risikomanagement, München (2008), Oldenbourg Wissenschaftsverlag

Zloch, Sabine: Wertorientiertes Management der pharmazeutischen Produktentwicklung, Wiesbaden (2007), Deutscher Universitäts-Verlag

Internetquellen

Betriebswirtschaft Info
http://www.betriebswirtschaft.info/2048.html – am 25.10.2011

Bundesdrucksache 13/09712 – Gesetzentwurf der Bundesregierung
http://dipbt.bundestag.de/dip21/btd/13/097/1309712.pdf – am 20.10.2011

Bundesministerium der Finanzen – Begriffsbestimmung Mittelstand
http://www.bundesfinanzministerium.de/nn_39836/DE/BMF__StartS./Service/
Glossar/M/003__Mittelstand.html – am 07.10.2011

Bundesministerium der Justiz – § 161 Erklärung zum Corporate Governance Kodex
http://www.gesetze-im-internet.de/aktg/__161.html – am 15.08.2011

Bundesministerium der Justiz – § 43 Haftung der Geschäftsführer
http://www.gesetze-im-internet.de/gmbhg/__43.html – am 20.10.2011

Bundesministerium des Inneren – Handbuch für Organisationsuntersuchungen und Personalbedarfsermittlung (Brainwriting)
http://www.orghandbuch.de/nn_414926/OrganisationsHandbuch/DE/
6__MethodenTechniken/64__Kreativtechniken/642__Brainwriting/
brainwriting-node.html?__nnn=true – am 28.09.2011

Controlling – Portal
http://www.controllingportal.de/Fachinfo/Risikomanagement/
Corporate-Governance.html – am 21.08.2011

Creditreform-Insolvenzen, Neugründungen, Löschungen (1.Halbj. 2011)
http://www.creditreform.de/Deutsch/Creditreform/Presse/Archiv/
Insolvenzen_Neugruendungen_Loeschungen_DE/2011_-_1._Halbjahr/2011-06-
27_Insolvenzen_Neugruendungen_Loeschungen.pdf – am 14.08.2011

Die neue KMU – Definition: Benutzerhandbuch und Mustererklärung
http://ec.europa.eu/enterprise/policies/sme/files/sme_definition/
sme_user_guide_de.pdf – am 03.10.2011

Die Ratingstufen der großen Agenturen
http://www.projectfinancing.de/pdf/ratingstufen.pdf – am 13.11.2011

Finance Wiki – TU Dresden
http://finance.wiwi.tu-dresden.de/Wiki-fi/index.php/Diversifikation – am 25.10.2011

Fischer, Adrian Marc – Risikomanagement in mittelständischen Unternehmen
http://e-collection.library.ethz.ch/eserv/eth:31009/eth-31009-02.pdf – am 19.10.2011

Funk RMCE, Rödl & Partner, Weissman & Cie – Benchmarkstudie zu Stand und Perspektiven des Risikomanagements in deutschen (Familien-)Unternehmen
http://www.rmce.de/medien/PDF/Studie/
Benchmarkstudie-RM%20im%20Mittelstand.pdf – am 06.11.2011

Gabler Wirtschaftslexikon
http://wirtschaftslexikon.gabler.de/Definition/aggregation.html – am 25.10.2011

Gleißner, Werner – Die Zukunft des Risikomanagements
http://www.krisennavigator.de/Die-Zukunft-des-Risikomanagements.301.0.html – am 06.11.2011

Handelsblatt – Hausgemachte Probleme belasten Mittelstand
http://www.handelsblatt.com/unternehmen/management/strategie/
hausgemachte-probleme-belasten-mittelstand/2632112.html – am 11.07.2011

Hannover Rück – Gruppe Geschäftsbericht
http://annual-report.hannover re.com/reports/hannoverre/annual/2009/gb/
German/60601010/risikostrategie.html – am 07.10.2011

Institut für Mittelstandsforschung Bonn – Definition Mittelstands
http://www.ifm-bonn.org/index.php?id=3 – am 03.07.2011

Institut für Mittelstandsforschung Bonn – Kennzahlen des Mittelstandes 2009/2010
http://www.ifm-bonn.org/index.php?id=99 – am 29.11.2011

Institut für Mittelstandsforschung Bonn – KMU Definition
http://www.ifm-bonn.org/index.php?id=89 – am 03.07.2011

Institut für Mittelstandsforschung Bonn – Statement Ernst&Young
http://www.ifm-bonn.org/assets/documents/statement-ernst&young-herbst-2007.pdf
– am 14.08.2011

Institut für Mittelstandsforschung Bonn – Unternehmensstatistik 2001/2002
http://www.ifm-bonn.org/assets/documents/IfM-Materialien-157.pdf – am 17.10.2011

Jelitto, Christoph – Einführung in die VWL
http://www.jelitto.info/fz/vwl_einfuehrung.pdf – am 16.11.201

Kohl, Helmut – Rede anlässlich des Mittelstandskongresses der Deutschen Bank in Frankfurt am Main
http://helmut-kohl.kas.de/
index.php?menu_sel=17&menu_sel2=&menu_sel3=&menu_sel4=&msg=1730 – am 07.08.2011

Mittelstand direkt – Die zehn größten Probleme des deutschen Mittelstands
http://www.mittelstanddirekt.de/home/wirtschaft_und_politik/nachrichten/
die_zehn_groessten_probleme_des_deutschen_mittelstands.html – am 07. 10.2011

Mittelstands Wiki – Der Risikomanagementprozess
http://www.mittelstandswiki.de/Risiken_identifizieren – am 27.09.2011

MVV Energie – Geschäftsbericht 2004/2005 (Strategische Risiken)
http://www.mvv-investor.de/geschaeftsbericht_2005/de/konzernlagebericht/
risikobericht/strategische-risiken/index.html – am 31.10.2011

Regierungskommission – Deutscher Corporate Governance Kodex
http://www.corporate-governance-code.de/ – am 14.08.2011

Risikomanagement nach ISO 31000 – Definition Risiko und Risikomanagement
http://www.risikomanagement-iso-31000.de/informationen/
risiko-und-risikomanagement – am 23.11.2011

Risk NET – Die (neue) Rolle des Risikomanagements in der Zukunft
http://www.risknet.de/risknews/
die-neue-rolle-des-risikomanagements-in-der-zukunft/ – am 06.11.2011

Statistisches Bundesamt Deutschland – Insolvenzen Deutschland
http://www.destatis.de/jetspeed/portal/cms/Sites/destatis/Internet/DE/Content/
Statistiken/Zeitreihen/LangeReihen/Insolvenzen/Content100/
lrins01a,templateId=renderPrint.psml – am 10.11.2011

Statistisches Bundesamt Deutschland – Pressemitteilung Nr.323
http://www.destatis.de/jetspeed/portal/cms/Sites/destatis/Internet/DE/Presse/pm/
2011/09/PD11__323__52411.psml – am 10.11.2011

Strategisches-Online-Marketing – Risikomanagement im Internet als strategischer Erfolgsfaktor
http://www.strategisches-online-marketing.de/strategisches%20online-marketing/
bscrmii.html – am 27.09.2011

Universität Leipzig – Delphi Methode
http://www.uni-leipzig.de/~kmw/so/3-60/2005/Methodenliteratur_Delphi.pdf – am 24.10.2011

Wildemann, Horst – Management leistungswirtschaftlicher Absatzrisiken in TWC Standpunkt
http://www.tcw.de/uploads/html/publikationen/standpunkte/files/
Artikel_28_Management.pdf – am 31.10.2011

D Anhang

Anhang 1

Die Ratingstufen der größten Ratingagenturen im Überblick.[310]

Stufe	Moody's	Standard & Poor's	Fitch IBCA	Zahlungsverhalten
1	Aaa	AAA	AAA	Sehr gut: Höchste Bonität, praktisch kein Ausfallrisiko
2	Aa1 Aa2 Aa3	AA+ AA AA-	AA+ AA AA-	Sehr gut bis gut: Hohe Zahlungswahrscheinlichkeit
3	A1 A2 A3	A+ A A-	A+ A A-	Gut bis befriedigend: Angemessene Deckung von Zins und Tilgung, viele gute Investmentattribute, aber auch Elemente, die sich bei einer Veränderung der wirtschaftlichen Lage negativ auswirken können
4	Baa1 Baa2 Baa3	BBB+ BBB BBB-	BBB+ BBB BBB-	Befriedigend: Angemessene Deckung von Zins und Tilgung, aber auch spekulative Charakteristika oder mangelnder Schutz gegen Wirtschaftliche Veränderungen
5	Ba1 Ba2 Ba3	BB+ BB BB-	BB+ BB BB-	Ausreichend: Sehr mäßige Deckung von Zins und Tilgung, auch in gutem wirtschaftlichem Umfeld (Subinvestment Grade)
6	B1 B2 B3	B+ B B-	B+ B B-	Mangelhaft: Geringe Sicherung von Zins und Tilgung
7	Caa (1-3) Ca	CCC CC	CCC CC C	Ungenügend: Niedrigste Qualität, geringster Anlegerschutz in akuter Gefahr eines Zahlungsverzuge
8	C	SD/D	DDD DD D	Zahlungsunfähig: In Zahlungsverzug

---

[310] http://www.projectfinancing.de/pdf/ratingstufen.pdf – am 13.11.2011.

Anhang 2

Weiteres Modell zur Einordnung von Instrumenten der Risikoerkennung.[311]

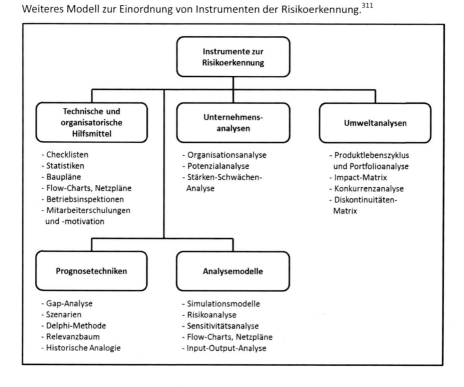

---

[311] Vgl. Martin, T.A., Bär, T.: Grundzüge des Risikomanagements nach KonTraG, München (2002), S. 93.

Anhang 3

Beispiel einer tiefgehenden Gliederung eines Risikohandbuches.[312]

1			**Vorwort**
1.1			Aufgaben des Risikomanagementsystems
1.2			Verankerung des Risikomanagementsystems in der Unternehmenskultur
1.3			Anwendung der Richtlinie
2			**Bestandteile des Risikomanagementsystems i. w. S. und des Risikomanagementsystems i. e. S.**
3			**Grundprinzipien des Risikomanagementsystems**
3.1			Legalitätsprinzip und Aktualisierung der Datenbestände
3.2			Dokumentations- und Informationsprinzip
3.3			Funktionstrennungsprinzip
3.4			Vier-Augen-Prinzip
4			**Risikomanagementsystem i. w. S.**
4.1			Risikomanagementsystem und organisatorische Sicherungsmaßnahmen
	4.1.1		Controlling, Planungs- und Berichtswesen
	4.1.2		Richtlinien, Arbeitsanweisungen, Betriebshandbücher
	4.1.3		Generelle Aufsichtspflichten
	4.1.4		EDV-Systemvorgaben
4.2			Prozessunabhängige Überwachung
	4.2.1		Interne Revision
	4.2.2		Jahresabschlussprüfung
5			**Risikomanagementsystem i. e. S.**
5.1			Risk-Map
	5.1.1		Risikodefinition
	5.1.2		Ordnungsmerkmale
		5.1.2.1	Risikonummer
		5.1.2.2	Erfassungs- und Aktualisierungsdatum
	5.1.3		Risikolokalisierung
	5.1.4		Risikolandschaft
		5.1.4.1	Risikogruppe
		5.1.4.2	Risikobezeichnung
		5.1.4.3	Detailbeschreibung des Risikos
	5.1.5		Risikoprofil mit Schadenshöhe in EUR pro Vorgang
6			**Organisation des Risikomanagementsystem i. e. S.**
7			**Berichterstattung an die Unternehmensleitung**
8			**Anhänge**

---

[312] Vgl. Martin, T.A., Bär, T.: Grundzüge des Risikomanagements nach KonTraG, München (2002), S. 164.

Anhang 4

Nutzen eines Risikomanagementsystems.[313]

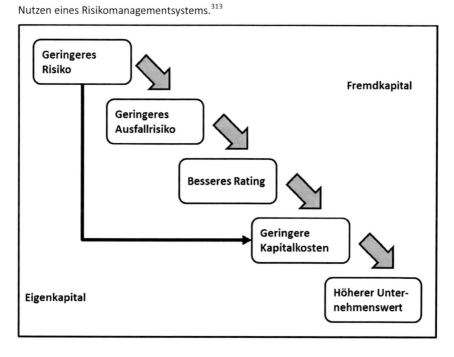

---

[313] Schröer, C.: Risikomanagement in KMU: Grundlagen, Instrumente, Nutzen, Saarbrücken (2007), S. 104.